JN409491

미스 에세이

미스 에세이

김정화 수필집

작가의 말

내 인생에도 다시
설레는 일이
생겼으면 좋겠다.

2021년 봄
김정화

차례

제1부 빗방울이 석종을 치고

제2부 진흙 얼굴을 읽다

제3부

자신의 춤을 추어라

제4부

세상의 중심을 잡고 팽이처럼

제1부

빗방울이 석종을 치고

물고기의 시간

목포 바다에 갈치가 터졌다는 소식이다. 태풍이 한차례 바닷물을 뒤집어놓아 물고기들의 이동에 낚시꾼들은 이미 들떠 있다. 밤낚시를 한번 해보고 싶었다. 거창한 이유야 없지만 매일 반복되는 일상의 끈들을 잠시나마 벗어 던지고, 어두운 바다 한가운데에 자신을 풀어놓고 하룻밤쯤 앉아 있으면 삶에 위로가 될 것 같았다.

기회는 쉽지 않았다. 몇 달 전부터 낚시 동행 광고를 내었지만 태공들은 한결같이 옆에 있으면 조황에 방해만 된다는 대답이었다. 방법은 따로 있었다. 초보도 가능한 낚싯배가 있다는 것이다. 뱃삯만 지불하면 미끼는 물론 낚싯대도 빌려준다니 그야말로 금상첨화였다. 낚싯배 신청을 하고도 이런저런 핑곗거리가 생겼고 또 태풍에 미루어졌다가 겨우 나의 시간에 맞추어 출조일을 잡았다.

난생처음 낚시하러 간다니까 주위에서 한마디씩 거들었다. 밤낚시라는 말에 눈이 휘둥그레지는 것은 기본이고, 살생을 하러 그 먼바다까지 가느냐, 모름지기 인간이 정직하게 살아야지 미끼로 물고기를 속이면 되겠느냐, 제발 어민들 생각해서 싹쓸이는 하지 마라, 등등. 그러나 실수로 몇 마리 잡아 오면 갈치자반 맛은 꼭 함께 봐야겠다는 엄포도 빠지지 않았다.

선착장의 배들이 집어등에 불을 밝히자 기다렸던 꾼들이 각자의 낚싯배를 찾아 선상에 오른다. 나같이 왕초보들은 가벼운 배낭 하나 달랑 들었지만 강골의 조사들은 잔뜩 채비를 꾸려서 철갑상어라도 잡을 기세인 양 의기가 충천하다. 거센 바닷바람을 가르고 달리는 동안 너울물이 뱃전을 때리는 통에 바짓가랑이는 물에 젖어 흥건해졌다. 배낚시는 선장의 실력이 반이라는 이야기가 오고간다. 초보에게는 실력보다 포인트가 중요하다는 운칠기삼 이론에 번쩍 귀가 열린다. 물돛을 내린 배 한쪽으로 처음 낚시하는 사람은 모이라는 전갈이 왔다. 스무 명의 선객 중에서 절반이 초보이다. 몰황을 해도 덜 민망할 것 같은 안도감이 지나간다. 릴대 감는 법과 미끼 끼는 순서와 수심 잡는 요령을 속성으로 터득했다.

갈치의 입맛에 맞게 꽁치 미끼가 한 움큼씩 배당되었다. 미끼를 단 낚싯대를 뱃전에 퐁당 던지는 초짜와 한방에 낚싯대를 멀리 찌르는 고수의 손놀림에서 기 싸움은 벌써 판가름이 났다. 모두 집중하느라 바다가 조용하다. 초릿대 앞에서 망망대해를 바라본다. 물비늘이 흔들릴 때마다 배가 조금씩 흘러간다. 선미에 자리 잡은 노련한 조사께서 은빛 지느러미를 자랑하는 풀치 몇 마리를 건져 올렸다. 풀치라는 새끼 갈치의 멋진 이름에 감탄한다. 그러고 보니 정말 풀처럼 휘어졌다. 갈치는 주로 칼같이 서서 헤엄치기에 우리나라에서는 도어刀魚, 이웃나라에서는 서 있는 물고기라 부른다는 말도 떠올리며 초릿대의 예신을 기다린다.

두 개씩 배정받은 내 낚싯대는 미동도 없이 그저 평화롭다. 얼음과 조과를 담을 스티로폼 박스까지 구입했는데 진짜 꽝이면 어쩌나. 모름지기 휘영청 보름달 아래 등대 불빛을 받으며 은갈치 몇 마리쯤은 길어 올릴 줄 알았으나 보름 주변에는 갈치 낚시가 신통찮다는 사실을 깨닫는다. 월명月明 때문에 집어등의 집어 효과가 사라져버렸다. 그뿐만 아니라 오늘 같은 주말에는 적벽대전을 방불케 하는 낚싯배 출항으로 눈치 빠른 물고기들은 벌써 줄행랑을 치고 말았으리라. 내가 고등어 새끼는 고도리, 열목어 새끼는 팽팽이, 조기 새끼는 꽝다리, 명태 새끼는 노가리라며 생각나는 새끼 물고기 이름을 읊조리며 힐끗 옆자리를 곁눈질하니 제법 씨알이 굵은 것들을 챔질하고 있다. 역시 글판에서는 글을 잘 써야 하고 춤판에서는 춤을 잘 춰야 하듯이 낚시판에서는 잡은 물고기 수가 실력을 대변한다.

얼마나 시간이 흘렀을까. 사무장이란 이름표를 단 아주머니 한 분이 꾼들의 채비를 챙겨주고, 엉킨 낚싯줄도 풀어주고,

미끼도 갈아주며, 잡은 조과를 추렴하여 회도 떠 왔다. 배낚시 자리도 명당이 있느냐는 내 질문에 명당은 없고 물때에 따라 조과가 다르다는 말만 훅 던진다. 고참 낚시꾼들이 물때표 시간을 줄줄이 꿰고 있는 이유이다. 들물과 날물 때를 알고 사리와 조금 때의 계산 방법을 터득하고 달이 차고 기우는 시기를 가늠해야 물고기의 시간을 읽어낸다는 것이다.

그제야 숙련된 조사는 사람의 시간에 맞추지 아니하고 물고기의 시간에 맞춰 출조한다던 말이 생각났다. 이곳 선장도 물고기가 잘 때 잠을 자고 물고기가 깰 때 함께 일어나니 낮에는 절대 전화하지 말라는 당부가 있었다. 우럭의 시간이 다르고 주꾸미의 시간이 다르며 갈치의 시간이 다르단다. 날짜와 요일과 계절로 묶어놓은 인간의 시간은 불변하지만, 물의 온도와 바람의 세기와 물결의 흐름에 따라 물고기의 시간은 시시때때로 변하기도 한다. 물고기 시간을 전혀 고려하지 않은 채 내 시간에 맞추어 낚싯대를 들었으니 어리바리한 낚시꾼은 물고기가 먼저 피해 가는 법. 그것도 모자라 까닥까닥 초릿대까지 흔들며 보란 듯이 미끼만 따먹고 도망친다.

놓친 물고기를 생각하는 것만큼 어리석은 일이 있을까. 놓친 기회, 놓친 말, 놓친 인연들…. 지난 것은 모두 흘러 가버렸다. 물고기의 사랑은 인간과 어떻게 다를까. 저들도 사랑을 하고 배신을 하고 미워하고 그리워할까. 저들만의 옛 노래를 부르며 슬퍼할까. 그리고 다시 새로운 사랑을 꿈꿀까. 자신이 태어난 강의 냄새를 기억한다는 물고기도 있으니 머리 나쁜 척 인간을 속이고 있는지도 모르겠다. 물고기의 즐거움을 안다고 한 장주는 물고기의 슬픔까지 마음으로 통할까. 이런저런 상념이 꼬리를 무는 동안 자정을 훌쩍 넘겼다.

이때 느닷없이 초릿대가 확 휘어졌다. "왔다!"라는 탄성이 절로 나온다. 난생처음으로 물고기의 시간을 읽어내는 순간이다. 퍼드덕, 은빛 지느러미 길게 허공에서 빛난다.

왜 자꾸 눈물이 날까

눈물샘이 고장 난 걸까. 나는 왜 요즈음 뜬금없이 자꾸 눈물이 나는 것일까. 운다고 삶이 달라지는 것도 없지만 울지 않는다고 견고한 삶도 아니었다. 울어야 할 때를 넘겼던 유효기간 지난 눈물들이 한꺼번에 반란이라도 일으키는 걸까.

라이브 음악에 어깨 들썩이고, 된장국 냄새에 침이 고이며, 미풍에 슬며시 눈 감기는 것처럼 눈물은 이성과 감성을 한방에 무너뜨리는 힘을 가졌다. 눈물이란 희로애락의 본능이지만, 스스로를 몰아세운 코너에서 듣는 가장 원시적인 감정 대답이며, 기어코 마지막 자존심마저 찔러버리는 살상무기와도 같다. 그러나 때로는 물병을 엎지르듯 대책 없이 넘치거나, 헐거워진 너트처럼 멈추지 않는 복잡성도 지녔다.

열차를 타고 내려오면서 심심파적삼아 그동안의 기쁜 일과 슬픈 일을 백지에 적어본다. 이것도 글감이 될까 하여 한참을 끼적이는데 넘치도록 고마운 일이 많았다. 그런데 낙동강 너머로 해넘이가 시작되자 쓸쓸한 기운들이 스멀스멀 번지더니 곪은 상처 하나가 툭 터져서 눈물 둑을 헐어버린다. 한 가지의 큰 슬픔이 만 가지 행복을 밀어버릴 수도 있겠다는 사실이 놀랍다. 내 삶의 손익계산서는 적자인가, 흑자인가. 눈물의 양으로 인생을 재단할 수 있을까.

뜻대로 일이 풀리지 않아 기운마저 다 빠져버린 날, 어느 소설가의 '어쩌면 그대가 대추나무일지도 모른다.'는 이 의기 있고 빛나게 긍정적인 문장을 읽으며 왜 눈물이 났던 걸까. 백지영의 노래 '총 맞은 것처럼'을 들을 때마다 '구멍 난 가슴에 우리 추억이 흘러넘쳐'라는 가사만 나오면 아직도 바보같이 눈물을 훔칠까. 회식 날 같은 테이블에 앉은 모 선생이 보리굴비를 발라서 밥그릇 위에 올려줄 때도, 겉으로는 웃었지만 속울음까지 함께 삼킨 걸 그는 알까. 혹시 내 감정선에 오류가 생긴 것은 아닐까.

예식장마다 최루성 물질을 숨겨 놓은 것은 아닌지. 결혼식에만 가면 왜 눈물부터 날까. 풋기 어린 청년의 당당한 발걸음에도 눈자위가 젖고, 화관을 쓴 신부가 순백의 웃음을 머금는데도 앞이 흐려진다. 지인의 혼사에 왔다가 언제일지도 모를 딸의 결혼식까지 상상하면서 청승스레 눈물 줄기를 빼는 일이 어디 한두 번인가. 굳이 눈물로 축하를 대신하는 것은 싸구려 마스카라의 위용을 보여주려 함일까. 감정의 인내심을 시험하려는 까닭인가.

설레는 일이 없는 데도 눈물은 왜 나는 걸까. 나는 화초 가꾸는 것도 흥미 없고 애완동물 키우는 것도 귀찮아하는데, 바람에 꽃잎이 떨어지면 슬프고 폭우에 갇힌 어린 길고양이가 애달픈 건 왜일까. 며칠째 개지 않는 흐린 하늘색에 가슴이 쓰리고, 원동마을 언덕길 너머로 기차가 지나가면 이유 없이 눈물이 돋는다. 동네 병원에서 링거를 맞을 때, 칠순의 원장님이 "밥은 먹었어요?" 하고 툭 던진 말에도 뜨듯한 것이 목울대를 찔렀는데, 그것 또한 눈물의 뿌리였을까.

눈물은 눈치가 없는 걸까. 이상하게도 뻔한 장면에서 눈꺼풀이 젖어 든다. 어린 시절 외딴집이 있던 벌판 쪽을 쳐다보거나, 당감동 불구덩이에 누운 아버지를 기억하거나, 한 줌 재로 사위어진 어머니를 떠올리면 운전을 하다가도 길모퉁이에 차를 세우고 얼굴을 묻게 된다. 왜 지나간 것들을 생각하면 늘 가슴이 아릴까. 십 년을 함께 산 사람이 떠나버린 날도 애써 덤덤했었는데, 누군가가 인사치레로 보낸 '보고 싶다'라는 문자 앞에서는 왜 펑펑 울고 말았을까. 지나간 생일날, 전복 미역국도 끓이고 참조기 노릇하게 구워 고봉밥 한 그릇 씩씩하게 다 비웠는데도 울컥울컥 눈물이 괴어올랐을까. 누가 몰래 내 눈물 단추를 누르고 간 것은 아닐까.

가끔은 왜 뒤늦게 눈물이 날까. 제때 눈물 박자도 못 맞추는 사람을 뭐라고 부를까. 나를 위해서도 누가 울어줄까. 더 많이 울어본 사람이 더 많이 반짝인다는 말이 사실일까. 흔히 감정의 끝은 눈물이라지만, 가슴을 데우는 시작점도 눈물길로 이어지고 있을까. 그렇다면 진짜 눈물의 정체는 뭘까.

자두의 계절이 돌아왔다

일 년을 기다렸다가 먹는 과일이 있다. 딸기의 계절을 거쳐 수박과 포도의 배릿함을 가로지르고 오는 어질어질한 향이다. 풋여름 노을빛을 닮은 색, 한입 베어 물면 코끝이 찌릿하고 눈허리가 시어온다. 그 과육은 혹독했던 입덧의 기억까지 소환시키는 힘을 지녔다. 자두의 계절이 왔다.

우리나라 자두는 유월 중순 즈음 붉은 물이 들기 시작한다.

나는 해마다 달력의 하짓날에 동그라미를 쳐놓고 첫 자두인 대석 자두를 기다린다. 대석 자두는 알이 작고 딴딴한데 아삭하고 새콤달콤하여 내겐 이것이 진정한 자두의 맛이다. 하지만 출하 시기가 짧아 때를 놓쳐버리면 다시 한 해를 기다려야 하는 아쉬움이 따른다.

첫 자두 맛을 넘기면 속살이 연한 후무사 자두가 입을 즐겁게 해준다. 본격적인 여름이 시작되었다는 뜻이다. 이때쯤 시장에 가면 자두가 종류별로 나온다. 겉은 퍼렇고 속이 붉은 것과 겉은 벌겋고 속이 노란 것, 겉도 속도 시뻘건 살덩이 같은 과육들이 허연 분을 바르고 물감을 잔뜩 덮어쓴 것같이 소쿠리 위에 앉아 있다. 이 풍경을 상상만 해도 입안에 침이 고인다. 심지어 먹기도 전에 자두의 계절이 후다닥 지나버리면 어쩌나 하는 걱정도 앞선다. 그러나 추석 즈음 수확하는 추희 자두를 떠올리고는 한시름 놓는다.

내가 어릴 때는 자두를 풍개라 부르며 깨물고 다녔다. 사과나 복숭아보다 맛이 박하고 모양이 작아 한낱 재채기에 지나지 않는다고 해서 '에추'라고도 불렀다. 그때만 해도 경상도 사람들은 개량 자두와 토종 풍개를 다른 품종으로 쳤다. 감과 고욤의 차이처럼 서양에서 건너온 사과와 아시아 종인 능금처럼 구분하였다. 내친김에 자두의 사투리를 찾아보니 서른 개도 넘는다. 충청도에서는 '옹애'라 하고 강릉에서는 '꽤'라고도 부르는 모양이며 '추리'라는 이름도 남아 있다. 그러니 노인들이 자두를 무어라 하는지 들어 보면 고향이 짐작될 정도이다.

세상에는 자두와 연을 맺은 이도 많고 자두와 생을 함께하는 사람도 있다. 무위자연을 주창한 노자는 자두나무 아래에서 태어났으며 춘향전에서는 이도령 어머니가 자두꽃을 받는 태몽을 꾸었다고 나온다. 평생 자두만 그려서 자두 화가라는 별호가 붙은 화백의 그림을 본 적도 있다. 문인들도 앞다투어 자두 예찬을 한다. 앙드레 지드는 자두를 보고도 감동할 수 있는 것이 작가적 재능이라 일렀으며 김훈 소설가는 자두의 향기는 퍼지기보다는 찌른다고 탄복했다. '자두나무 정거장'을 쓴 시인과 '슬픔을 맛본 사람만이 자두 맛을 안다'고 쓴 작가도 자두의 계절에는 뉘 못지않게 행복할 것이리라.

자두는 한자리에 앉아서 입술에 자두색이 배고 양손에 단물이 흐르도록 먹어야 한다. 자두를 한 바가지 먹은 날은 자두 향 바람이 일고 자둣빛 석양이 내려 세상이 붉게 물든다. 자두를 먹으면서 자두꽃을 상상하는 것도 즐거운 일이다. 한때는 나라의 주인 꽃이었다. 자두가 오얏나무 열매이니 오얏꽃이라고도 불리며 한자로는 이화李花라고 쓴다. 옛시조 '이화에 월백하고'에 등장하는 배꽃 이화梨花와는 다르다. 조선 왕실의 성씨가 자두 이씨였으므로 자두꽃이 왕실의 문장화로 쓰인 것이다. 하지만 역사의 뒤안길로 이화 문양이 사라졌듯이 표준어에 밀려 오얏과 풍개라는 이름도 자취를 감춰 간다. 그러기에 자두가 익을 때 도시락을 싸서 자두밭으로 소풍 간다는 이웃 나라의 풍속이 더욱 부럽기만 하다.

한 자루의 자두를 매달고도 의연했던 나무. 푸른 그늘을 뿜어내던 꽃자리에서 이리도 달큼한 열매가 맺힐 수 있다는 사실에 경탄한다. 부드러운 살 속에 박힌 단단한 씨앗을 경배한다. 이 얼마나 거룩한 일인가. 인간은 꽃과 열매를 소중히 여기지만 나무는 뿌리나 줄기를 귀히 여길 것이다. 스스로 꽃을 떨어뜨리고 열매를 버리기도 하지만 꽃 필 자리를 마련해 두는 일도 나무는 잊지 않는다. 때로는 한 그루 나무가 훌륭한 스승이 되기도 한다.

올해도 무당벌레와 사마귀와 거미를 함께 키운다는 자두원 농부가 택배를 보내왔다. 물기를 털어낸 붉은 열매를 와짝 깨문다. 온몸을 몸서리치게 하는 맛이다. 누구에게나 한 시절은 있는 법. 자두 맛같이 짜릿한 순간은 이제 다 지나갔을까.

빗방울이 석종을 치고

다시 한 번 와보고 싶었다. 한가로운 시골 마을 길모퉁이 위에 제법 편편한 너럭바위가 펼쳐져 있다. 돌에 빗방울 자국이 새겨진 곳, 찰나의 순간이 그대로 멈춘 영원의 세계, 일억 년 전에 만들어진 빗방울 화석지이다. 여리고 둥근 몸이 천길 벼랑으로 떨어져 내린 바닥이다. 수만 명이 다녀갔을 이곳. 자세히 보니 바위 곳곳에 콩알만 한 물방울 자국이 오목오목 파여 있다.

멈춘 빗방울이 금방이라도 탱탱하게 몸을 일으킬 것처럼 널브러졌다. 극심한 가뭄 뒤에 내렸던 빗줄기가 진흙 위에 수직으로 내리꽂힌 자국이다. 그 위에 퇴적물이 쌓이고 지층이 굳어지면서 마침내 빗방울 화석으로 재탄생된 것이라 한다. 중생대 백악기의 어느 하루, 지상에 내디딘 물의 발자국들이 지워지지 않았다. 그 빛나던 빗방울이 온몸을 바쳐 이루어낸 생의 업적이니, 흙이 물을 받들고 돌로써 거두어 빗자국을 지켜내었다.

화석이 된 빗방울은 햇살을 품고 물결을 안은 채 세월을 이겨낸다. 빗소리를 듣고, 사람들의 눈동자를 담고, 바람의 이야기에 귀 기울였으리라. 빗방울이 새겨놓은 상형문자가 검은 반석 위에 선명하다. 억겁의 언어일까, 무량의 소리일까. 빗줄기가 쓴 육필원고라고 이름 붙여 본다.

세상에 흔적 없는 것이 있을까. 잎이 떨어진 가지 위에 엽흔이 남고, 새들이 지나간 자리에 발 도장이 찍히며, 상처 난 가슴에는 생채기가 생긴다. 강물도 물의 지문을 그리고, 모래밭에는 바람의 문양이 들썩인다. 열매도 베어 물면 잇자국이 선명하고 여름이 지나간 풀밭에 씨앗들이 영글듯이 흘러가는 것은 모두 자국을 남기는 법. 빗줄기가 오목새김되어 우흔으로 굳은 것도 어쩌면 당연한 이치일는지도 모르겠다.

한때 붓글씨를 썼다. 스승은 체본을 쓸 때마다 붓을 가다듬는 시간이 길었다. 붓끝으로 먹물을 몇 차례나 찍었다 놓았다 전주르며 애를 태웠는데, 첫 먹물 한 방울이 화선지 전체를 다스린다 하였다. 의기충천한 젊은 날이었으니 큰 것만 눈에 들고 작은 것은 안중에도 없을 때였다. 어설픈 실력으로 예서체 한 장을 후다닥 휘갈겨버리는 내 글씨를 두고 붓이 없고 먹이 없다고 하셨다. 필법만 익히려는 성급함을 누르고 초발심初發心을 가르쳐 주려 한 깊은 뜻을 그때는 몰랐다.

첫 번째 물방울을 경배한다. 그것이 먹물이 되든 빗방울로 흘러내리든, 허망한 운명을 예감하고도 처음으로 떨어지는 물방울은 가장 용감하다. 여름 장마는 빗방울에서 시작되고, 땅의 가을은 이슬이 내리는 것으로부터 번지며, 이별도 눈물방울이 예고하지만 모두 물기가 마르면 지나가게 된다. 덧없이 잊히고 사라지는 것들이 물방울이라면, 인간 개개인 또한 언젠가 사워어들 수밖에 없는 한낱 물방울 같은 존재가 아닌가.

그러나 물방울 하나에도 우주가 들어 있다고 했다. 하나 속에 전체가 있고 전체 속에 하나가 존재하는 까닭이다. 노르웨이 신화 '에다'에도 천지창조는 물방울에서 시작되었다고 되어 있다. 물방울에서 태초의 거인과 암소가 태어나고 거인의 땀에서 또 다른 거인들이 탄생한다. 우주 전체가 물 한 방울에서 생성되었다고 하듯이, 이곳 빗방울 화석 하나하나마다 무한의 세상이 잠들어 있을 터이다. 그러기에 '빗방울처럼 나는 혼자였다'는 시 구절이 절절히 사람의 마음을 흔드는 것이 아닐까.

그동안 많은 화석을 만났다. 중생대 공룡 발자국은 물론이고 낙관을 찍은 듯한 물떼새 발자국 화석도 보았으며, 바다의 잔물결 흔적이 굳어 연흔이 펼쳐진 해안은 몇 번이나 찾아갔다. 연구자들은 발자국 화석을 따라 생활 습성을 추정하고, 굳어버린 물결 모양만으로 수심과 물흐름도 밝혀내며, 빗방울 자국의 깊이만 보고도 빗줄기의 속도를 가늠한다. 훗날 현생의 인간도 화석으로 발견된다면, 후세인들은 얼마만큼이나 과거를 유추할 수 있을까. 뇌와 가슴 속을 관찰하고 생각과 속마음까지

측정해내는 것은 아닐는지.

잔뜩 흐렸던 하늘에서 후드득 빗줄기 쏟아진다. 세상에서 가장 부드러운 것이 가장 거친 것을 다스리듯 빗방울이 화석 바위를 내리친다. 음각의 반원에 하나둘 물방울 고여 들고 마침내 생生과 멸滅이 만난다.

석종 소리 청아하다.

무너지는 강

저녁 흙바람이 후텁지근하다. 예상했던 대로 신들의 도시 바라나시는 분주하다. 새벽부터 네팔 국경을 넘어 버스로 내달렸다. 지나온 비포장 고속도로 안갯길이 만만치 않았다. 그래도 이곳 갠지스강을 보아야 인도를 제대로 본다는 말을 떠올리며 지독한 멀미를 참아냈다. 온종일 버스와 한몸이 되어 흔들리는 동안 머릿속이 하얗게 지워져 끝내 텅텅 비어버렸다.

온갖 상념도 기대도 고민도 다 무너져 내렸다.

"잊어라."

바라나시에 발을 딛는 순간 그들의 신들이 내게 일러주셨다.

전설보다도 오래된 길을 따라 갠지스강으로 간다. 이번에는 수많은 인파에 릭샤꾼의 호객 행위와 사방에서 울려대는 오토바이 경적과 옷깃을 잡아채는 장사꾼들의 요란함에 혼이 빽길 지경이다. 그 사이를 순한 소들이 어슬렁거리고 군데군데 개 무리가 널브러져 있다. 자칫 한눈이라도 팔면 바닥의 배설물을 밟게 되는데 비싼 신발을 신은 자들은 오물을 피하느라 바쁘고 맨발의 인도인들은 도리어 여유만만이다. 그들의 순례길에 지갑을 움켜쥐고 눈살을 찌푸리며 경계하는 자는 모두 우리 여행객들이었다.

드디어 강을 마주하는 돌계단 앞에 다다랐다. 강줄기마다 붉은 노을빛이 찬연히 번져나간다. 인도 사람들은 이 강을 신의 강으로 부른다. 인도 신화에서 원래 천상에 있던 갠지스강이 시바신의 머리카락을 타고 땅으로 흘러내렸다고 전해진다. 그들은 태어나서 이곳에서 세례를 받고 숨을 거둔 뒤에는 이 강 속에 뼛가루가 뿌려지기를 원한다. 육신이 강물 따라 신의 나라로 흘러간다고 믿는 것이다. 심지어 강변에는 죽음이 가까워져 오는 자가 죽음을 기다리며 묵는 숙소까지 마련되어 있다. 갠지스강에서 죽는 일만큼 성스러운 일은 없을 테니까.

작은 배에 오른다. 뱃사공이 화장터 가까이 데려다준다. 자욱한 연기 속에 살 타는 배릿한 내음이 코를 쏘았다. 이미 대여섯 군데 화장이 진행 중이다. 관도 없이 천에 동여맨 시신들이 장작더미 불 위에서 열반에 들었다. 유족들은 불더미 옆에 서서 묵언 중이고 지나가는 아이들은 불타는 모습을 아무렇지도 않게 내려다본다.

이때 금빛 천에 친친 감긴 새로운 시신이 들어왔다. 먼저 주검을 강물에 적시고 수염과 머리카락을 모두 밀고 흰옷을 입은 상주가 불을 넣는다. 불꽃이 일고 흩날리던 연기가 뱃전을 에워쌌다. 부유할수록 비싼 백단향나무나 망고나무 장작을 사용한다고 했다. 이미 진행되고 있던 다른 쪽 불구덩이 속에는 반쯤 탄 유골이 훤히 드러났다. 서너 시간 태우고 남은 뼈는

물 위로 던짐으로써 화장은 끝이 난다. 장작의 종류와 더미의 높이에 따라 빈부를 가늠할 수 있다지만, 그것도 부질없는 일. 똑같은 죽음 앞에서 생전의 부가 무슨 소용이 있겠는가.

인도인들에게 죽음은 슬픈 일이 아니다. 끝이 아니라 새로운 세상으로 나아가는 시작의 길이라 여긴다. 가난한 자는 후세에 부자로 태어나며 힘든 자는 내세에 평안해진다고 믿으니까 현세의 고통을 끝내는 축복의 날이다. 그러므로 통곡하거나 눈물을 훔치는 이가 없다. 그저 육신이 자연으로 돌아가는 과정을 묵묵하게 지켜볼 뿐이다. 죽음 앞에서 사라지는 것이 삶이지만 죽음 앞에서 더 빛나는 것도 삶일 수 있겠다.

삶은 환상과 같고 타오르는 불꽃과 같으며 물에 비친 달그림자와 같다고 한 붓다의 말씀을 새긴다. 물상이란 잠시 그렇게 있어 보이는 것 뿐 언젠가는 모두 사라지는 것일 터. 붓다가 부친 숫도다나왕의 다비식에서 "저 사나운 불을 보라. 하지만 욕심의 불길은 이보다 더 뜨겁다."라고 하지 않았는가. 조금 전 꽃등에 불 밝히고 소원을 빈 행위조차 과욕을 부린 것만 같다.

화장터 옆에서는 사람들이 몸을 씻는다. 이곳에서 목욕하는 일은 죄를 씻는 성스러운 의식이다. 사리를 입은 채 물속으로 들어가는 여성들과 웃통을 벗은 반라의 남성들이 성수를 끼얹는다. 그 너머로 쪼그린 채 용변을 보는 아이와 나무뿌리 같은 머리카락을 땋고서 경전을 읽는 수행자, 줄기차게 계단을 쓸고 있는 자, 쉴 새 없이 장작을 쌓는 노인, 계단 모퉁이에서 손으로 음식을 먹는 여인, 엽서를 파는 소년, 눈 비비며 일어나는 노숙자, 잔뜩 멋을 부린 여행자들까지 인간의 삶이 함께 모였다. 겉모습이 뭐가 중요한가. 붓다의 이치 앞에서, 예수의 십자가 앞에서, 힌두 경전 앞에서 그리고 이 엄숙한 강 앞에서 알고 보면 우리는 모두 하나인 것이다.

연기 자욱한 강 너머로 석양이 진다. 이곳에서 무너지는 것이 어디 석양뿐이랴. 갠지스강에서 삶의 끝을 본 사람이라면 자신의 벽을 허물지 않는 자가 몇이나 될까. 그 무엇도 붙들지 말라는 듯 흩어지는 화장터의 연기를 바라보며 '형성된 것들은 다 무너지게 마련이다.'는 붓다의 유언을 떠올린다.

미스 에세이

만나고 싶다는 편지를 받았습니다. 연락이 닿지 않아 답답하다는 말씀도 있었지요. 이곳이 그대의 영토와 달라 즉각 답신이 어려운 점도 이해 바랍니다. 살다 보면 함께해야 하는 일도 많지만 만나지 않아도 힘이 되는 경우가 있지요.

당신은 절 만난 이후 매일 글을 썼노라고 고백했습니다. 백지를 마주하면 첫 줄부터 어렵다 하더군요. 언젠가 제가 단정한 첫 문장이 나를 안심시킨다고 던진 말에 더욱 글문으로 들어가기 두렵다고 투정했습니다. 그러기에 누구나 할 수 있지만 아무나 할 수 없는 것이 문학이겠지요. 글판이 낱말만을 쏟아놓는 곳이 아닌 까닭입니다. 하지만 당신이 무슨 생각을 하고 있는지 그것을 쓰지 않으면 제가 어떻게 알겠습니까.

저 역시 글에 대해 잘 알지 못합니다. 국가대표 축구 선수도 매번 공 넣는 게 어렵고, 노벨상을 받은 과학자도 새로운 패러다임에는 기존 이론이 뒤집히며, 평생 정치에 매달리는 사람들도 나라를 구하기 힘든 현실입니다. 모르는 게 맞습니다. 안다고 하는 순간부터 모순도 함께 만들어집니다. 우직하게 시간을 밀고 나가는 것이 중요하지요. 이미 문학의 길이라는 마라톤 대열에 들어섰으니 오기로 계속 달리는 겁니다. 열정으로 뛰다 보면 지식과 이론과 필력은 자연히 뒤따른다고 생각합니다.

제가 좋아하는 릴케의 시가 있습니다. "눈이 멀어도 보이게 하고, 귀를 막아도 들리게 하는…, 발이 없어도 당신께 이르게 하고, 팔이 부러져도 가슴으로 당신을 붙잡는…." 그가 열렬히 사랑했던 루 살로메에게 헌정한 시죠. "나는 당신을 피에 실어

나르겠습니다."라는 마지막 문구가 기가 막힙니다. 그럼 피마저 마르면 어떡할까요. 영혼의 그림자로 그대를 지킬까요, 바람의 화석이 되어 곁에 머무를까요. 연애시 중에서 이보다 더 절절한 문구가 있을까요. 릴케는 병적으로 루에게 집착했지요. 루를 사랑하면 미구에 불후의 명저를 쓰게 된다는 속설처럼 릴케 역시 당대 누구보다 멋진 서정시를 구사했지요. 물론 실연의 고통은 혹독했지만 열정이 없었다면 사랑도 불가능한 일이겠지요. 피에 실을 만큼 간절한 것이 있는지요. 열정을 가진 작가라면 당연히 "나는 문학을 피에 실어 나르겠습니다."라고 되뇌지 않을까요.

가끔 당신의 안부가 궁금하면 "그대, 열심히 쓰고 있는가." 하고 낮게 중얼거려 봅니다. 삶을 사랑하는 당신이니 글 또한 치열하게 쓰리라 믿습니다. 글을 쓰는 것은 살아 있다는 것을 증명하는 일이겠지요. 만약 작가가 더 이상 글을 쓸 수 없다면 삶 또한 이어가기 힘들겠지요. 버지니아울프가 강물에 들고, 야스나리는 독가스를 물며, 헤밍웨이와 로맹 가리가 총을 들었듯이, 한국의 우울한 영웅 마광수 역시 스카프로 생을 묶었지요. 반면 치열하게 사는 작가들도 많다는 건 당신이 더 잘 알 테지요. '광기狂氣'라는 두 글자를 바람벽에 붙이고 글에 매달린 소설가와, '골방의 시인'이라는 운명을 받아들이는 시인과, '수생수사隨生隨死'를 외치며 수십 권의 저서를 편찬한 노 수필가도 있지요.

이렇듯 작가의 생명은 유연성을 지닙니다. 생물학적 목숨 이외에 작가적 목숨이 존재하지요. 생각해보십시오. 당신은 언제 작가로 태어났는지. 등단할 때였나요, 책을 발간한 날인가요, 문학상을 받았을 때였나요. 아니면 비로소 마음에 드는 글 한 편 썼을 때였는지요. 작가란 글쓰기의 종신형을 선고받은 존재라는 말에 기어이 공감합니다. 일 년을 십 년같이 살 수 있고 십 년을 일 년처럼 살기도 합니다. 작가로서 남은 생은 스스로 연장선을 만들 수 있게 되지요.

감동을 잘 받는 사람이라면 글을 쓸 수 있는 재능을 지녔다고 합니다. 그러니 대상에 말 걸기를 주저하지 마십시오. 먼저 다가가십시오. 겨울 바다에 손을 담그고, 여름 들판에 몸을 태우고, 살아 있는 것과 숨죽인 것들과 마주하십시오. 새벽이슬도 맞고, 낮달도 보고, 달빛 아래에도 서며, 비바람 부는 날도 가 보십시오. 퇴락한 뒷마루의 나뭇결, 흙길에 구르는 돌멩이 하나, 오래된 책장의 먼지까지 눈에 담으십시오. 작가라면 세상의 모든 것을 스승으로 보아야 제대로 된 글 한 편 건질 수 있을지도 모르겠습니다.

고대 그리스의 스파르타에서 전해오는 이야기가 있지요. 기초 검술 교육을 받던 아들이 "칼이 너무 짧아 찌를 수 없어요." 하고 불만을 호소하자 "얘야, 한 발 더 가까이 다가서서 찌르려무나."라고 아버지가 답합니다. 한 발 더 가까이 가는 것. 딱 한 번만 더 해보는 것, 이것이 열정이지요. 그 마지막 한 번이 성패를 가르게 되는 것이지요. 1도가 더해져서 물이 끓는 원리와 같습니다. 끈질기게 하는 것이 열정의 불씨를 꺼지지 않게 합니다.

글을 쓰는 것이란 불러내는 일입니다. 그것은 타인을 부르며, 내 속의 참나를 깨우게 됩니다. 힌두교를 믿는 사람들은 "나마스테"라고 인사합니다. 이 말은 단순한 안부를 뛰어넘어 "당신에게 깃들어 있는 '당신의 신'께 문안드립니다."라는 깊은 뜻이 담겨 있습니다. 석공들이 군더더기만 쪼아내고 안에 있는 부처의 형상을 들어내는 것과 같은 이치이죠. 작가 역시 글의 여백을 지워가는 자가 아니겠습니까.

사람이 발전하려면 불편한 것과도 친해져야 합니다. 의식이 깨어나야 해석도 다르게 할 수 있습니다. 손편지도 쓰고 시골길도 걸어보고 가능하다면 텃밭도 가꿔 보십시오. 물론 실패도 하고 길도 잃겠지만 낯선 것에 눈 주기를 하고 귀찮은 것도 즐겨 보십시오. 쉬엄쉬엄 가야 오래 갈 수 있습니다. 그러면 새로운 감성의 물줄기가 온몸을 덮는 경이로움을 느끼게 될 겁니다.

지금도 당신은 글을 씁니다. 명작 한 편은커녕 문단 말석에서 이름조차 불리지 않지만 작가라는 필생의 소업을 받들고 하염없이 밤을 새워 글줄을 엮습니다. 그대가 진정으로 나를 원하신다면 오늘도 신명나게 열정에 갇히기 바랍니다. 그러면 어느새 우뚝 곁에 다가가 있을 테니까요. 그럼, 우리의 운명적인 만남을 기다리며 이만 총총. 미스 에세이 올림.

지휘자의 자격

검은 연미복 차림으로 당당하게 입장한다. 리드미컬한 보폭에서 휘파람 소리가 새어 나올 듯하다. 머뭇거리거나 망설임 없는 확신에 찬 기세, 차가운 침묵과 엄격한 눈빛, 혼연일체 몰입시키는 단호한 몸짓. 단번에 분위기를 압도하는 저 힘은 어디에서부터 비롯된 것일까.

말 없는 대화다. 허공에 그리는 그림이다. 손끝으로 추는 춤이라고나 할까. 물살을 헤집고 물길을 내듯 공중을 오르내리며 소릿길을 만든다. 어깨와 팔뚝과 손목이 요동치면서 날카로운 지휘봉 끝이 무대 구석을 향해 멈춘다. 짧은 큐 사인에 팀파니 주자의 손에 힘이 실리고 순서를 기다렸던 심벌즈의 강타가 클라이맥스를 장식한다. 일사불란하게 오케스트라를 통솔하는 결기 있고도 리듬감 넘치는 지휘자의 손짓. 과연 마에스트로라는 명예로운 호칭을 얻을 만하다.

얼마 전부터 클래식 동영상을 꾸준히 보내주는 이가 있다. 아마도 갑갑해진 일상을 음악으로 견뎌보라는 호의가 담겨있지 싶다. 넘치는 카톡 문자에 평소 같으면 클릭조차 않겠지만 이리저리 한가해진 근황이니 덤으로 온 해설까지 꼬박꼬박 읽는다. 여유를 가지니 재미없고 지루하던 고전음악이 답답한 마음을 슬그미 위로해주는 것이다.

연주곡을 영상으로 감상하는 것은 오디오로 듣는 것과 확연한 차이가 있었다. 멜로디나 음향에 집중하기보다 악기나 사람에 먼저 시선이 가게 된다. 젊을 때는 스포트라이트를 받는 피아노나 바이올린이 근사했는데 이제는 꿈결같이 등장하는

트라이앵글 소리와 묵직한 바순의 저음이 좋다.

최근에 함께 차를 마신 어느 바수니스트의 말을 곱씹어본다. 느리고 둔한 바순 음은 다른 악기의 음색을 돋워주고 스스로 묻힌다는데, 그래서 어떤 악기와도 궁합이 좋다고. 나는 그날 장작더미 같은 목관악기 앞에서도 인간이 하염없이 부끄러워질 수 있다는 것을 처음 알았다.

몇 년 전 리허설 도중 세 동강 난 지휘봉 사진이 신문에 크게 실린 적 있었다. 지휘자의 열한 번째 손가락이라 불리는 지휘봉이 부러지도록 연습한 집념과 열정에 감격했다. 비단 지휘봉뿐이겠는가. 소리북 치는 고수가 야문 탱자나무 북채를 일 년에 스무남은 개 부러뜨렸다는 글도 읽었고, 수필에 빠진 무명의 작가가 수일 동안 컴퓨터 전원을 켜놓은 채 퇴고하다가 모니터가 터져버린 사건도 있었다. 기껏해야 운전면허증 딸 때나 용을 쓴 탓에 양말 두어 켤레 구멍 낸 적밖에 없는 나로서는 품격이 다른 예술 정신 앞에서 그저 머리를 조아린다.

누구에게나 생존이 걸린 물건이 있다. 지휘자에게 지휘봉은 자신의 존재나 다름없을 터. 우리는 이미 전설이 되어버린

카라얀을 기억한다. 고개를 떨구고 지그시 눈 감은 채 은빛 지휘봉을 잡고 있던 신전의 조각 같은 옆모습. 그가 지휘봉을 쥡다가 지휘대에서 뇌졸중으로 넘어지던 그해에도, 내 또래의 소녀들은 당시 유행하던 지휘봉을 든 카라얀 스킬 자수를 놓느라 공을 들였다. 카라얀의 지휘봉이 위엄 있고 진지했다면, 라이벌이라 불리던 레너드 번스타인의 지휘봉은 온화하고 부드러웠다. 그는 때때로 지휘봉조차 내려놓고 어깨를 휘젓고 엉덩이를 들썩이거나, 눈 깜박임과 얼굴 주름과 입술의 씰룩임으로 지휘봉을 대신했다.

오늘날 게르기예프가 이쑤시개 지휘로 유명세를 타는 반면에, 무거운 지휘봉 때문에 목숨을 잃은 경우도 있었다. 루이 14세의 궁정 음악가 륄리는 나무 봉을 들고 연주회장 바닥을 쿵쿵 찍으며 지휘하다가 자신의 발가락을 찧어 패혈증으로 생을 마쳤다.

물론 지휘자는 지휘봉으로 승부하겠지만 어떤 지휘봉을 사용하는가는 크게 중요하지 않다. 두루마리 종이나 손수건을 흔들든, 바이올린 활이나 명아주 지팡이로 박자를 젓더라도 그들은 언제나 오케스트라 앞에 서 있는 가장 큰 나무이다. 지휘자라면 반드시 섬세한 감각으로 내공 있는 자신만의 음악적 해석력을 펼쳐낼 것이다. 그러나 권력을 탐하거나 이권을 거머쥔다면 그 단체는 중심을 잃게 된다.

명장 밑에 오합지졸 없다. 분명한 것은 단원을 섬기고 관객을 존중해야 한다. 그것이 지휘자의 사명이다. 무릇 지휘봉을 잡은 세상의 모든 수장들 역시.

둔치도 안부

이월의 둔치도 황토섬. 봄까치꽃이 한꺼번에 사계절 소식을 전한다. 잎 흔들고 몸 맞대며 부둥켜안고 얼굴 부빈다. 강바람에 푸른 꽃이 익어가는 봄이 온다.

툼벙. 낚시꾼이 던지는 찌가 겨울 끝을 가르니 놀란 물오리들 푸드득 튀어 오른다. 갈대청을 헤집던 바람이 잠잠해지자 물그림자들도 고요해졌다.

까치발 딛고 올라서면 고향길 보이지. 새들의 무덤이 흩어졌던 돌산도 남았고 보리 물결 넘실대던 물매미는 그대로지만 둥근 고향집은 흔적 없이 사라졌다.

손잡고 온기 나누던 방, 기댈 수 없는 토담, 기다리고 또 떠나보내던 발자국 남은 길, 다시 들을 수 없는 목소리들…. 그 집터를 향해 오래토록 손을 흔들어본다.

살아 있는 것들이 저마다 몸짓으로 안부를 전하는 봄. 침묵을 깨는 계절이 돌아왔다. 떠난 사람들 사이로 울컥울컥 봄이 돋는다. 안부를 묻고 산다는 게 얼마나 다행스런 일이냐고. 때로는 보내는 안부에 답이 없어도 괜찮은 일. 한나절을 홀로 앉았던 자리. 머지않아 이곳에도 활활 푸른 꽃이 덮이겠지.

돌아 나오는 길. 무단횡단을 하던 봄까치꽃 하나 내 발목을 잡는다.

그대, 잘 있는가.

어서 와, 부산은 처음이지?

어서 와, 부산은 처음이지? 열차 종점인 부산역에 내리면 맞은편 빌딩들 사이로 산동네 풍경이 먼저 반겨 줄 거야. 한국전쟁 때 피난민이 짐을 부린 곳, 실향의 아픔을 간직한 궁핍한 달동네, 판잣집과 하꼬방이 넘쳐나 을씨년스러웠던 애환의 장소였지. 이러한 구도심이 근대 역사를 담은 이바구길로 조성되면서 요즈음 그야말로 핫한 여행지가 되었어. 이바구가 이야기의 경상도 사투리라는 것은 쉽게 눈치챘을 거야. 이곳에 서면 "콱 마 궁디를 주 차뿌까?" 같은 싱싱한 부산말들이 날것으로 퍼덕이게 되지. 드디어 이방인임을 실감하게 될 거야.

어쨌든 초량 중국인 거리 쪽으로 건너와야 해. 한쪽은 차이나타운이고 반대편은 러시아 거리야. 길 하나를 두고 중국어와 러시아어가 뒤섞이는 재미있는 곳이지. 옛 백제병원을 만나고 최초의 명태 고방이었던 남선창고 터를 훑어보고 나면 산복도로 비탈 마을이 보여. 산복도로란 산중턱을 굽이굽이 도는 도로야. 빙글빙글 돌아가는 길이어서 까꼬막길이라고도 해. 그 길을 끝까지 오르면 산만디가 나오지. 만디는 제일 높은 봉우리를 뜻하는 산마루인데 만대이, 만디이라고도 해. 고개 만디를 넘어 학교에 다니고 뒷산 만디까지 소꼴을 베고 나물 캐던 시절도 있었지. 우리가 약속한 술집 '모티'도 산복도로 끝자락에 있어.

경상도 사투리가 토박이 사람들에게는 표준말이야. 서울 사투리를 쓰는 여행객이라면 당연히 경상도 표준말에 귀 기울여야 할 터. 요즈음은 사투리 번역기가 출시되고 텔레비전 예능 프로그램에서도 경상도 말에 자막까지 실어주니 교양 있는 서울 사람들뿐만 아니라 배낭족 외국인들도 기본 사투리 몇 개쯤은 곧잘 해석하더군. 지역을 이해하는 데 문화만큼 중요한 것이 있겠어. 그것이 언어임은 두말할 필요가 없지.

경상도 사투리는 간결하고 깔끔한 것이 많아. 이곳 사람들의 강직하고 급한 성정을 닮아서 축약의 진수를 보여주지. 모음 '이'로 끝나는 단어만 살피더라도 궁둥이는 궁디, 주둥이는 주디, 간덩이는 간띠, 뚱보는 뚱띠, 문둥이는 문디, 쌍둥이는 쌍디라고 해. 또 알맹이는 알키, 쭉정이는 쭉디, 단단히는 단디, 우리의 약속 장소인 모티도 모퉁이라는 뜻이지.

까꼬막길 풍경도 사투리만큼 재미있잖아. 새미라고 불리는 우물 자리를 거쳐 배릿한 육수 향이 풍기는 국시집을 지나면 누룩 냄새 쿰쿰한 막걸릿집이 나오지. 오늘처럼 꾸무리한 날씨에는 걸쭉한 막걸리가 딱이야. 신선한 담치와 매운 땡초를 박은 정구지찌짐 한 접시가 놓이면 육자배기 가락이 울리는 미당의 선운사 막걸릿집도 부럽지 않을 걸. 부산에 오면 길도 질이 되고 슈퍼도 점빵이 되며 아줌마도 아지매가 되는 거야. 그러니 이곳 비탈길에도 천지빼가리라는 이름을 단 마을 카페가 생겨

났겠지. 천지빼까리는 천지에 볏가리가 많다는 뜻으로 매우 많다는 걸 의미해. 쌨다, 쌔삐맀다, 쌔빌맀따, 억수로, 한거석, 한빨띠, 대끼리, 대빠이, 허들시리, 몽창시리도 같은 뜻이야.

한 가지 형상이 몇 갈래 말로 나누어지는 것도 사투리의 맛이 아닐까. 담벼락을 담뿌랑, 담뿌락, 담베락, 담삐락으로 말하고, 멸치는 메르치, 메엘치, 메루치라 부르며, 꼴찌라는 말도 꽁바리, 꽁또바리라고 하지. 골목길 노인들이 맨날 지각하는 아이에게 "니는 오늘도 꽁또바리네." 하고 훈수를 두는 것처럼. 표준어로 할 수 없는 것을 사투리가 기어코 해낼 때도 있지. 나훈아가 어매라고 노래하고 안상학 시인이 아배 생각을 하듯 때로는 어매와 아배라는 말이 어머니와 아버지로 대체될 수 없음을 어떻게 설명해야 좋을까.

점점 경상도 말에 빠져들지 않니? 된소리와 거센소리가 적절히 섞인 사투리를 듣고 있으면 오 솔레미오나 산타루치아의 이태리 발음에 한글 토를 달아 부르던 기억을 떠올리게 될지도 몰라. 비앙꼬, 까리노, 리베르따, 아망떼, 그라지에, 띠아모 같은 이태리어와 우야꼬, 와그라노, 아물따나, 욕봤떼이, 언지예,

하모 같은 경상도 말이 닮은 것도 같지. 경상도 사투리는 독어처럼 엄숙하거나 불어의 우아한 콧소리도 없고 일어처럼 나긋나긋하거나 서울말처럼 간드러지지 않지만 말의 압축을 풀어내면 마치 신들의 이야기처럼 기발한 해석이 숨어 있으니 참으로 매력적인 언어라고 생각해.

말은 인간과 인간을 이어주는 끈이잖아. 그러한 말이 다양한 것은 당연지사. 지방마다 독특하게 쓰던 탯말을 죽이고 천편일률적인 서울말을 강요해서도 안 되겠지. 사투리를 쓰면 촌스럽고 무식한 사람이라고 생각하는 것도 천만의 말씀 만만의 콩떡. 하지만 현실은 안타깝게도 점점 사투리가 줄어들고 있어. 산복도로를 돌던 만디버스가 경영난 부진으로 중단되듯이 이곳 술집 모티처럼 모퉁이로 밀려날까 걱정이지. 사투리가 멸종되어 死투리가 되지 않도록 많은 관심을 가져줘.

참, 이곳 술집은 낮술도 가능해. 마스터의 해박한 술 이야기를 들으며 한때 당당했던 신라어를 위해 술잔을 부딪쳐야지. 어서 와, 부산은 처음이지.

달을 새기다

주인장이 기막히게 전을 구워낸다. 지인을 따라왔다가 알게 된 이곳은 애주가라면 지나는 길에 한잔 걸치기 딱 좋은 선술집이다. 집 근처에 있어 반가운 손님이라도 오면 저절로 찾게 되는 곳이다.

드문드문 들렀으나 한 번도 내 얼굴을 기억하지 못하는 주인이 나는 참으로 편하다. 주로 말을 하는 직업이다 보니 술집에서조차 입을 다물고 싶은 심정을 헤아려 주기라도 하듯이 눈길도 마주치지 않고 안줏거리 장만에만 손길이 바쁘다. 그러니 민얼굴에 보풀진 스웨터만 걸쳐도 민망치 아니하고 누구와 가든 무슨 대화를 나누든 눈치 보이지 않는다. 이럴 때면 딱히 튀지 않고 지극히 평범한 내 외양이 무척 다행이라 여겨본다.

나 또한 기억력이 흐릿하고 눈썰미가 신통찮다. 사람이나 물고기나 나무의 생김새를 들여다보고도 선뜻 이름을 떠올리지 못한다. 그런데 여기서 처음으로 만난 그는 예외다. 볼 때마다 내 정신을 쏙 빼앗는다. 누구나 단번에 기억할 만큼 멋진 이름에 늠름한 자태까지 갖추었다. 오늘도 나는 주문을 미루고서 벽에 걸린 그의 브로마이드 앞에 바짝 다가섰다.

둥글납작한 체형에 갑옷 같은 은빛 비늘을 걸치고 삐죽한 등지느러미를 세운 채 꼬리자루를 높이 치켜들었다. 몸집만 한 머리에 달린 눈은 하늘을 향해 부릅뜨고 비트박스를 풀어내는 래퍼인 양 툭 튀어나온 아래턱을 주억거린다. 아무리 물고기 그림이지만 저토록 의기양양할 수 있을까 싶다. 무엇보다 가장 큰 매력은 그의 몸통에 있다. 양쪽 몸 가운데에 과녁 같은 보름

달 문양의 흑색 점이 선명하다. 그 주변을 달무리마냥 흰색의 둥근 테두리까지 에워쌌다. 그 이름하여 '달고기'다.

달고기를 경상도에서는 광채가 훤하다고 허너구라고도 지칭한다. 지방에 따라 달돔, 달치, 달병어, 점도미, 정강이, 허풍쟁이라고도 하는 모양이다. 우리나라 제주도와 남해안 인근에서 잡히는데, 미식가들에게 상당히 인기 있는 생선이다. 비린내가 없고 깔끔하여 국에 넣거나 구워 먹기도 하지만 주인장은 생선 스테이크나 부침개 요리가 제격이라고 추켜세웠다.

계란 물을 묻힌 노릇한 달고기전이 놓였다. 분홍빛 살결에 나뭇결무늬가 부드러운 따뜻한 전을 머금으니 입안 가득 달큼한 향이 배어든다. 한때는 커다란 머리 때문에 천대받던 물고기였으나 최근에는 청와대 식탁까지 달고기구이가 올라 몸값도 신분도 상승하였다. 셰프들이 죽기 전에 꼭 먹어야 할 음식으로 소개한다고 했다. 음식 영화 '식객'에서는 수박 맛을 달고기 맛에 비유했으며, 달고기 횟감을 기다리는 낚시꾼들에게는 잘 잡히지 않는다고 손님 고기로도 통한다. 오늘날까지 달고기라는 이름값만은 톡톡히 하는 셈이다.

그동안 내가 멋지다고 여긴 물고기들은 금빛돔과 주홍바리와 초록달강어처럼 주로 고운 색깔을 가진 어종이었다. 그런데 어찌 보면 달고기는 생김새가 우악해서 험상궂게 보일 수도 있으나 뭔지 모르게 사람을 이끄는 강렬한 힘이 느껴졌다. 그것이 처음에는 달고기라는 낯선 이름이라 여겼지만 생각해보니 그의 몸에 박힌 검은 반점 때문이었다. 내친김에 퍼덕이는 달고기를 대면하고 싶었다.

주인장이 일러준 대로 술집 건너편 해변시장에 들렀다. 이곳에서는 영덕상회라는 간판을 걸고 오직 달고기 포만 떠서 파는 어물전이 있다. 주인아주머니 역시 달덩이같이 환한 얼굴로 손님들을 반갑게 맞아 준다. 오전에 들여왔다는 생선 바구니에 달고기들이 그득하다. 생의 마지막까지도 빳빳한 지느러미를 세우고 주걱턱을 치올린 채 준엄한 죽음을 맞이하려는 듯 세상을 달관한 표정이다.

가까이서 본 달고기의 문양은 더욱 선명하다. 마치 몸에다 먹물로 둥근 달 문신을 꾹꾹 새겨 넣은 것만 같다. 상자 속에 누운 냉동 달고기는 원시시대의 용맹한 기마 전사들을 떠올리게 했다. 페루 무덤에서 발굴된 잉카 미라와 러시아 국경 근처에서 발견한 어느 부족장으로 추정되던 시신에 문신이 새겨진 사진을 보았고, 영국 여행 중에 들렀던 대영박물관에서도 팔뚝에 문신이 남은 이집트 미라를 본 적이 있다. 뿐만 아니라 내 고향 김해의 가야인들도 문신 습속이 있었다는 이야기는 익히 들어왔다.

현대인들은 주로 미적 기능으로 문신이나 타투를 하지만 고대인들의 문신은 신체의 치장은 물론 생존과 관련이 많을 터이다. 원시 부족들은 몸에 새겨진 기록을 중요시했다. 살을 파고 피부를 태워야만 문신이라는 몸 그림이 그려진다. 완성된 문양은 신분이나 종족을 나타내고 종교적 헌신의 상징이 되었을 것이며 범죄자의 표식으로 나누기도 하고 용맹을 기리는 훈장의 의미도 있었으리라. 그중 내가 흥미롭게 생각하는 것은 가야인들의 문신 기록이다. 그들은 인간을 해하는 동물의 공격을 막는 것이 목적이었다. 특히 물속에서 일할 때 사나운 물짐승들을 피하기 위하여 벌레나 물새나 들짐승들의 그림을 새겼다고 전해진다.

커다랗게 달 문신을 찍은 물고기의 살결을 쓰다듬어 본다. 제 눈알보다도 더 큰 둥근 점을 새기고 대양을 가르며 거센 해류에 맞서 여기까지 건너왔다. 얼마나 많은 생의 위기를 넘겨야 했을까. 하지만 가장 강적인 인간 앞에서는 결국 무너지고 말았다. 장렬한 죽음 앞에 엄숙함이 인다.

족장 같은 풍채를 지닌 달고기 한 마리가 도마 위에 누웠다. 금관가야의 철검을 떠올리게 하는 회칼이 전사의 머리를 내리치려는 순간, 나는 주인아주머니의 팔을 잡았다.

"그냥 통째로 주세요."

포를 뜨려던 생각을 바꾸었다.

내장을 들어낸 달고기 한 마리를 달빛 드는 베란다에 매달았다. 풍장이라도 시켜주는 것이 바다 전사에 대한 예우라고 생각되었다. 늦은 밤까지 원고를 쓰느라 자판을 두드리다가 말라가는 물고기를 물끄러미 올려다본다. 비록 달빛 비치는 법당 추녀의 풍경 물고기는 되지 못했어도 아예 몸에다 오롯이 달을 각인했으니 그는 풍경 물고기보다 한 수 위가 되었다.

우리는 무슨 인연으로 만나게 되었는지. 수억 마리의 물고기 떼를 지나고 수만 명의 사람을 대신하여 이렇게 마주하게 된 것일까. 밤바람을 맞은 물고기가 허공에서 검은 달을 흔든다. 쟁그랑쟁그랑…. 지난날 조각난 연緣이 유독 가슴을 저미게 한다.

제2부

진흙 얼굴을 읽다

파담파담

파담은 우리의 네팔 가이드다. 파담이라는 이름에 연꽃의 뜻이 들어 있다고 설명하기도 전에 나는 두근두근함을 뜻하는 불어 파담파담을 먼저 떠올렸다. 이어서 비련의 가수 에디트 피아프가 부른 '파담파담'을 자연스레 흥얼거리기 시작했다. 그는 한국어를 독학하였다는데 발음이 아주 순하고 부드러웠다. 인상도 서글서글하고 친절하여 동행 내내 믿음이 갔다.

오래도록 동경하던 여행지였다. 붓다의 고향 룸비니 동산이 펼쳐진 곳, 세계 최고봉 에베레스트가 있는 나라, 히말라야의 설벽 아래 안나푸르나 산군을 거느린 대지. 더 이상 수식어가 없어도 배낭을 멜 충분한 이유가 되었다. 여행자를 실은 버스는 이른 새벽부터 고산길을 달렸다. 가장 날이 청명하다는 계절을 골라 움직였건만 산능선을 타고 푸른 안개가 눈발처럼 내려온다. 장엄한 설봉부터 눈에 담으려 한 욕심을 내려놓으라는 신호이지 싶다.

한 굽이를 도는 절벽이 안개 속으로 사라지면 다시 협곡이 몰려오거나 멈추어 섰다. 버스는 아득히 하늘을 오르듯 고갯마루를 넘기도 한다. 그렇게 낭떠러지 길은 산허리를 돌고 돌아 끊임없이 이어지고 있었다. 돌부리에 걸려 바퀴가 튈 때마다 간담이 서늘해진다. 이 좁은 벼랑길에서도 마주한 차들은 아슬아슬하게 비껴간다. 산사태로 무너진 언덕에 도착하자 파담이 죄인마냥 고개를 숙이며 마이크를 잡았다.

"길이 구불해서 죄송합니다. 안개가 껴서 죄송합니다."

산길 중간에 차를 세우고 안개가 걷히기를 기다린다. 드문드문 민가가 보인다. 연기가 피어오르는 길 가 언덕바지 집까지 걸어가 보기로 한다. 닭 세 마리와 바나나나무 서너 포기 그리고 텃밭에 푸릇한 마늘이 전부인 양 단출한 살림이다. 그래도 마당에 부추꽃과 유채꽃이 피었다. 인기척을 내자 전통 옷을 입은 소녀가 장작불에 밥을 짓다가 수줍은 미소를 보인다. 이곳 사람들은 산비탈의 아무리 허물어지는 집에 살아도 세상에서 가장 아름다운 정원을 가진 자들이다. 저 소녀에게도 봄날 같은 사랑이 찾아오겠지.

마을 입구에 걸린 오색 타르초가 일렁인다. 바람이 몰려올 기세다. 그러면 곧 안개가 걷힌다는 파담의 말이 딱 들어맞았다. 안개에 가려지고 안개에 채워졌던 것들이 하나둘 드러난다. 협곡의 다랑이논 뒤로 겹겹의 푸른 산들이 서서히 펼쳐진다. 드디어 시야가 환하게 열렸다. 멀리 히말라야의 장엄한 설벽이 마침내 그 자태를 드러내었다. 마주 보는 것만으로도 감격스러운 설산의 위용이다. 보이지 않는다고 해서 없는 것은 아니었다. 산이 늘 그 자리에 있듯이 마음이 떠났다고 해서 남겨진 것들이 사라진 것은 아니다.

오늘은 종일 버스 속에서 이 길을 달려야 한다. 애초부터 항공 길을 선택하지 않았으니 고행이 되더라도 덤으로 네팔 산촌을 구경할 수 있다. 두세 명씩 짝을 지어 등교하는 아이들이 보인다. 매일 산길을 내려오거나 힘겹게 오르기를 반복할 텐데도 힘겨운 기색이 없다. 눈이 마주치면 무조건 손 흔들고 웃는다. 소똥을 줍는 아낙네들은 곱고 소박하며, 야생 자몽을 따던 남자들도 굳고 기백이 넘쳤다. 바싹 마른 몸에 구릿빛 피부를 한 늙은이들은 하나같이 성자의 모습이다. 알록달록 화려한 무늬 옷을 입은 젊은 여인들을 바라본다. 현실은 고달프지만 이상은 저렇게 멋지고 아름다운 세계를 꿈꿀 테지. 그들과 눈이 마주치면 언제나 "나마스테!" 하고 먼저 인사를 보내왔다.

이번에는 산길에 엉킨 전기선 때문에 버스가 선다. 공사가 제대로 되지 않았다. 길옆에 포클레인이 있는 걸 봐서 도로 공사가 시작된 듯하다. 시간은 흐르고 마주 오는 차들은 멈춰 섰다. 불평하는 자는 전부 여행자들이다. 그들은 느슨하다. 천천히 전선을 걷고 쉬엄쉬엄 땅을 덮는다. 파담의 말로는 몇 달째 세 명의 인부가 하는 작업이라 진척이 없단다. 길을 비켜줄 때까지 한숨 돌리는 수밖에 없다.

그러고 보니 내 삶도 그동안 전력 질주를 하느라 늘 숨이 벅찼다. 도시의 삶이 시간 싸움이기는 하지만 추월하고 지름길로 내달렸다. 좀 천천히 가도 될 것을…. 답답하리만치 아귀를 맞추려고 호들갑을 떨었다. 매번 잘잘못을 나누어 경계를 지었고 호불호를 분명히 그어 내 편이 되어주면 포용하고 그렇지 않으면 등을 돌렸다. 속은 것에 대해 쉽게 분노하고 손해 본 것에 대해 목소리를 드높였다. 좀 틀리면 어떤가, 인생이 좀 느슨하면 어떤가.

버스가 다시 움직인다. 파담이 또 목소리를 낮췄다.

"전기선이 걸려서 죄송합니다. 벌써 해가 져서 죄송합니다."

괜찮다는 대답 대신 울컥 목이 잠긴다. 열 시간 넘게 비탈길을 달리느라 일행들은 모두 지쳤다. 그래도 이 오지에 저녁 밥상이 기다리고 있다는 것은 얼마나 반가운 일이랴. 식당 입구에서 파담은 우리의 미간에 빈디라고 하는 붉은 점을 하나씩 그려준다. 이건 왼쪽 눈도 오른쪽 눈도 아닌 제3의 눈이란다. 그들은 이것을 마음의 눈이라 부른다. 깨달음 역시 마음의 눈을 뜨는 일인 것을.

둥근 쟁반에 식사가 차려졌다. 이 길을 알고는 다시 못 오겠다는 일행들의 불평 속에 우리의 파담이 두 손을 모으고 큰 소리로 엄숙히 기도를 올린다.

"내일도 오늘만큼만 되게 해 주세요."

아, 파담파담….

진흙 얼굴을 읽다

"진흙을 뭉쳐놓은 것 같아." 흑갈색 모자를 쓴 내 얼굴을 본 딸의 솔직한 품평이다. 그러잖아도 평소 모자가 어울리지 않는 줄 알지만 모처럼 용기를 낸 연출인데 여과 없는 직격탄을 맞았다. 기가 팍 꺾인다. 문고리를 잡고 나가지도 들어오지도 못한 채 엉거주춤 뻗디딘 나와는 달리, 딸은 한술 더 떠서 토막 상식으로 알고 있는 일물일어설을 들먹이며 자신의 표현이 아주 적확했노라며 너스레를 피운다.

슬그머니 모자를 내려놓고 예정대로 이기대 둘레길을 걷는다. 매운 갯바람이 민낯을 스치지만 감촉은 오히려 부드럽다. 진흙 얼굴이니 흙이 햇살을 받고 바람을 맞는 것은 당연지사. 인간과 흙의 역사는 태초로부터 거슬러 올라간다. 성경에서 말하는 최초 인간인 아담도 히브리어로 흙을 뜻하는 '아다마'에서 출발하였고, 흙덩이로 만든 인형에게 숨을 불어 넣어 인간이라는 피조물을 만든 신화가 동서양 곳곳에 등장하며, 우리나라 제주섬도 천상의 설문대할망이 치마폭 흙을 내려놓은 땅이라는 설화가 구전되지 않은가.

어떻게 생각하면 인간은 모두 진흙이라는 허물을 쓰고 살아갈 뿐. 만약 태어날 때 살갗이 얼굴 뼈 위에 그대로 굳는다면 평생 얼굴상이 바뀌지 않겠지만, 도량 넓은 조물주께서는 감사하게도 세월 따라 모양이 변하는 진흙 탈을 덮어 주셨다. 미추가 정해진 것은 아니지만 표정이나 인상은 마음에서 비롯된다는 것쯤 누구나 알고 있는 법. 그런 까닭에 사람들은 각기 제 얼굴 만들기에 고군분투한다. 원시인들이 진흙을 덮어 얼굴에 치장했던 것도, 현대인들이 화장과 성형으로 안면을 가리고 바꾸는 것도 어쩌면 쉽게 마음을 들키지 않겠다는 속내에서 비롯된 일은 아닐는지.

삶이란 진흙 얼굴 하나씩 달고 흙바닥에 뿌리를 내렸다가 진흙 무덤 속으로 되돌아가는 일. 어차피 인간이라면 진흙탕 길에 몇 번 나뒹굴기도 하겠지만 진흙이라고 모두 질척거리고 지저분하기만 할까. 하찮은 돌덩이가 부처님을 탄생시키고 태풍에 쓰러진 나무도 서까래가 되어 지붕을 받치듯이 풀 한 포기도 물기 머금은 흙을 품어야 기운을 위로 올릴 수 있다. 개울 진흙이 미꾸라지도 살게 하고 개펄 웅덩이는 쏙과 낙지와 바지락을 키운다.

그것뿐인가. 수억 년 전의 물결과 발자국과 빗방울까지 화석을 만들고 백악기 공룡알을 모셔 놓은 일등공신도 진흙이 아닌가. 흙구덩이가 백제 금동대향로를 지켜내었고 굽다리접시와 주령구와 돌벼루 등 신라 유물을 천년이나 품고 있었던 것도 진흙 연못이 있었기에 가능했다. 천연 머드가 피부에 좋다는 것은 널리 알려진 일이며 과학자들은 진흙 속 미생물로 전기도 생산한다.

무엇보다도 진흙의 놀라운 변신은 견고한 그릇을 만들어낸다는 점이다. 내가 아는 아오이라는 일본 아가씨가 있다. 그녀의 외삼촌이 조선 도공 15대 심수관이다. 심수관가는 선대가 정유재란 때 끌려간 이래 사백여 년 세월 동안 가마에 불을 지피며 한국의 성씨를 이어오고 있는 가문이다. 그녀 소개로 가고시마 도요에 갔었는데 최고의 명성답게 도자기 값도 만만찮았다. 그러나 나는 몇억짜리 막사발도 한 덩이의 진흙에서 만들어졌다는 사실이 더 경이로웠다.

흙바람이 불어온다. 흙의 소리를 듣는 풀들과 나무들 곁에 앉아보니 세상에 흙 아닌 것이 없다. 발밑의 상수리 열매도 갯쑥부쟁이 꽃대도 배낭에 든 한 권의 책도 사람도 지구도 이미 흙에서 태어났거나 머잖아 흙으로 돌아갈 처지에 놓였다. 이왕지사 흙이 될 운명이라면 좀 더 보드랍고 따뜻한 흙이 되고 싶다. 흙에 공손해야 하는 것은 당연한 이치. 농사짓는 지인 중에 실수를 할 때마다 그는 흙에게 부끄럽다고 했다. 흙처럼 낮아지라는 말이 더욱 신성하게 와닿는다.

그러고 보니 진흙 얼굴이라는 말, 그것이 내가 듣는 최고의 찬사가 아닌가. 손거울을 꺼내 들고 찬찬히 진흙 얼굴을 읽는다. 빗금진 토기 같은 몰골이지만 흙에 덮여 세월을 견디다 보면 봄기운 담은 푸른 날도 찾아오겠지. 눈을 가늘게 뜨고 두 뺨을 들어 올려 입술을 둥글게 구부린다. 진흙으로 뭉쳐진 인간 하나가 말랑한 웃음을 짓고 있다.

봄날엔 떼까마귀 떠나가고

시커먼 물결이 창공을 휘젓는다. 흩어졌다 모이기를 반복하더니 아래로 아래로 몸을 낮춘다. 후드득. 모과나무 잔가지를 흔들며 검은 새들이 내려앉는다. 빈 가지뿐인 모과수가 일몰을 배경으로 성스러운 한 그루 까마귀 나무로 완성되었다.

언제부터인가 내가 사는 아파트 마당에 까마귀 떼가 자주 출현한다. 먹이사냥 터가 수영강이나 기장 벌판인지는 알 수 없지만 전선 대신 마른 나무 우듬지를 정거장쯤으로 생각하는 것은 틀림없다. 그들은 깃을 고르며 매무시를 다듬기도 하고 부리를 세우며 명상을 즐기다 사라지곤 했다. 그 모습을 내가 올려다보거나 경비실 고양이가 사나운 울음을 내어도 눈길 한 번 주지 않은 채 꿈쩍 않는다.

까마귀도 고향 까마귀가 반갑다더니 한동안 꾸이꾸이 우는 소리가 들리지 않으면 안부가 궁금해진다. 그러던 참에 울산 대숲의 떼까마귀들이 곧 시베리아로 귀향할 거라는 소식을 들었다. 십수 년 전부터 가을이면 수만 마리의 까마귀가 태화강 주변으로 날아와 겨울을 보낸다. 떼까마귀들이 펼쳐내는 화려한 군무를 눈에 담고 싶었다. 망설일 틈이 없었다. 배낭을 메고 운동화 끈을 조였다.

붉은 하늘이 길을 열어준다. 인근 논밭에서 낙곡과 풀씨 사냥을 하던 새들이 잠자리로 돌아오는 시간이다. 밤에는 강 부근의 대숲에서 잠을 자고 해뜨기 전 이소하여 먹이사냥을 하다가 저녁이 되면 다시 숲으로 모여든다. 까마귀들은 아침에 숙영지를 떠나거나 돌아오는 해거름 때도 그들 중 선발대들은 꼭 인가가 있는 시내 전깃줄 위에 머문다. 교향곡 악보처럼 수많은 새가 오랫동안 앉아 있다. 전문가들은 천적을 살피는 보초병의 행동으로 풀이하지만 내 눈에는 마치 인간의 영역을 관장하러 온 신조神鳥처럼 보인다. 오래 쳐다보고 있으면 거룩하기까지 하다.

경이롭다. 까마귀 떼가 하늘을 덮었다. 검은 새가 검은 구름을 안고 검은 춤을 춘다. 사람들은 장엄한 춤사위에 탄성을 지르면서도 그들이 가까이 오는 것은 원치 않는다. 한때 벽화나 불화에도 등장한 나라새였지만 언제부턴가 흉조라는 오해가 굳어졌다. 아침 까마귀를 불길한 징조라 여기고, 옛 선비들은 근묵자흑近墨者黑을 읊으며 까마귀 골에 가는 것을 거부했다. 오늘날에도 까마귀밥이니 까마귀 고기라며 비웃는다. 잠시 흐트러지기만 해도 오합지졸을 들먹인다.

이와 달리 북방 지역에서는 까마귀를 신격화한다. 시베리아 코랴크족은 큰까마귀를 최초의 조상으로 여겨 큰할아버지라고 부른다. 신의 매개자로서 정령의 말을 전하는 샤먼의 위상까지도 부여한다. 이누이트 신화는 까마귀가 태초에 물속으로

부터 땅을 끌어올렸다고 기록하고, 야쿠트인들은 까마귀 깃털을 관에 넣으며 저승으로 인도해 주는 새라고 믿는다. 그들 모두 까마귀를 신성시여기는 것은 무엇보다 검은색이 주는 위엄 때문이 아닐는지. 까마귀만큼 철저하게 검은 털을 가진 새가 있을까. 감히 범접하기 어려운 영기靈氣의 색에 경외감이 인다.

땅과 하늘과 대숲과 강물도 모두 검은색을 닮는 시간. 그러나 물질문명에 양심과 도덕성을 상실한 인간들은 겉으로만 백로인 양 고고한 척한다. 태화강 까마귀는 해마다 증가하고 도심 가까이로 내려온다. 인간은 까마귀가 다가오면 그 사정을 알아볼 생각은 하지 않고 쫓아내기에만 바쁘다. 악취와 소음과 분진을 일으킨다는 이유로 더더욱 꺼린다.

야생의 새가 인간이 사는 곳까지 오는 까닭은 무엇인가. 까마귀 눈으로 봤을 때 어쩌면 인간이 더 이기적이고 음흉한지도 모른다. 새들도 먹이를 찾으려면 땅을 밟아야 하고 잠을 잘 때도 필히 지상으로 내려와야 할 터. 신이 이 땅을 인간에게만 주었겠는가. 대지는 인간에게 속한 것이 아니며, 인간이 대지에게 속해 있다는 인디언들의 경구를 기억할 일이다.

우우우. 함성이 밀려온다. 매일 밤 공중선회로 인간의 어리석음을 지적한다. 하지만 참으로 우매한 인간은 까마귀의 뜻을 제대로 알려 하지 않는다. 이제 곧 까마귀들이 따뜻한 남풍을 타고 떠난다. 자신이 까마귀인 줄 모르는 인간들을 향해 '속이 시커멓다'는 말을 남기며 날아가리라. 까마귀 떠난 자리에 지천으로 봄꽃은 터질 테고.

눈이 부시게

이팝꽃 피는 계절이다. 눈꽃을 인 듯 쌀가루를 덮어 쓴 듯 순백의 하늘이 열렸다. 가늘게 갈라지는 꽃부리가 회흑색 가지마다 소복이 쌓인다. 뜸이 잘 든 밥알 같은 꽃잎이지만 가까이서 보면 낙지 알 숭어리가 주렁주렁 걸린 것 같고 멀찍이 물러서면 허연 불꽃 축포가 펑펑 터지는 것 같기도 하다.

만춘에는 하얀 꽃이 줄을 잇는다. 산딸나무, 백당나무, 귀룽

나무, 층층나무, 때죽나무가 흰 불을 지피고 찔레꽃, 불두화, 아까시, 벽오동 등이 풋여름을 몰고 온다. 그러니 유월은 복잡한 거 다 잊고 꽃 지도 그리며 꽃 소풍을 떠날 일이다. 백색 세상을 만들어내는 신록의 나무 앞에 오래도록 서 있어볼 일이다. 화괴花魁라는 말을 들은 적이 있다. 꽃의 우두머리라는 뜻으로 봄철 제일 먼저 피는 매화를 이르지만, 신록의 화괴야말로 당연 이팝꽃이라 여긴다.

마침 인근 도시에서 이팝나무 장수 축원제가 열린다고 했다. 김해시 한림면 망천마을을 지키고 선 칠백 년 이팝나무가 그 주인공이다. 지인인 오방동댁 따님이 축문을 쓰고 집례를 한다는 소식에 축수를 더하는 일은 당연지사.

마을 초입에 들어서니 과연 만개한 이팝나무가 눈부시다. 코끼리 머리 모양을 닮은 상두산 아래 작은 개천을 딛고 의연하게 키를 세웠다. 고려 때부터 터를 잡았다니 어쩌면 나무가 먼저 마을을 일으킨 셈이다. 나무는 기둥 곳곳에 돌기를 달고 희뜩희뜩한 얼룩과 불거진 옹이도 스스럼없이 보여준다. 지난 겨울에는 나목으로서 자신의 존재를 온전히 드러냈을 터. 미욱

한 인간은 작은 흠결만 있어도 꼭꼭 숨기려 들지 않는가.

정성을 모은 갖은 제물이 상에 올려졌다. "한결같이 이팝나무를 키워 주신 후토지신의 높고 신령하신 은덕에 감사드립니다."라는 제관의 축문 소리가 골바람을 타고 흐른다. 동네 노인들은 자신들보다 육백 살이나 더 나이 먹은 나무 할머니를 향해 엄숙히 절을 올린다.

그들은 이곳 이팝나무 노거수를 가리켜 '망천 할머니 나무'라고 부른다. 근처 주촌마을에 이백 년 연하 이팝나무 할아버지가 있는 까닭이다. 그러고 보니 축원제 사회를 맡은 분도 뜻밖에 할머니 이장이다. 아마도 이팝나무는 이장 할머니가 꽃가마 타고 마을에 첫발을 내디딜 때 얼마나 고왔는지, 푸른 도포를 입은 마을 노인들도 한때는 풍채 좋은 호남자였음을 기억하고 있을 것이다.

이팝꽃은 향기가 좋고 멀리까지 퍼지며 수관을 덮을 만큼 많이 핀다. 종소리를 멀리 보내기 위해 종이 더 아파야 하듯 꽃향기를 멀리 보내기 위해서 나무는 또 얼마나 안간힘을 쓸까. 진정 나무를 아끼는 자는 꽃피우지 않을 때도 보러 와야 하리.

오직 한자리에서만 춤추는 나무다. 느리게 자라지만 버릴 때 버릴 줄 아는 몸짓으로 연륜이라는 나이바퀴를 만들며 세월을 구르는 나무. 나무의 삶 역시 매 순간이 결정적인 순간이거늘 오롯이 침묵으로 서 있다. 모든 나무는 늙은 나무가 아름답다. 아무리 뛰어난 작가라 한들 천년의 목숨을 사는 나무의 삶을 어떻게 다 말할 수 있을까. 그러기에 음유 시인들도 거목을 일컬어 제자리에 선 채로 흘러가는 강물이라 했다. 드높이 치솟은 이팝나무 흰 그늘에서 세월의 소리를 듣고자 귀 기울여 본다.

나는 이 거대한 신목 앞에 세상의 중심에는 나무가 서 있다는 우주목 신화를 떠올린다. 그 옛날 인간이 출현하기 훨씬 이전에 한 그루 나무가 하늘까지 뻗었다고 한다. 뿌리는 지하 깊숙이 박혔고 가지들은 천상에 닿아 있었다. 켈트 신화의 물푸레나무와 인도의 보리수인 무화과나무와 단군신화의 박달나무도 하늘과 땅을 연결하는 신비로운 사다리였다. 어찌 나무가 땅에만 뿌리내릴까. 사람의 가슴에도 저마다의 나무를 한 그루씩 품고서 세상과 소통하리라 믿는다.

세월의 풍우 속에서도 장엄하게 이팝꽃 화관을 쓰고 있는 할머니 나무를 올려다본다. “후회만 가득한 과거와 불안하기만 한 미래 때문에 지금을 망치지 마세요. 그냥 오늘을 살아가세요. 눈이 부시게.” 얼마 전 종방된 나이 든 여배우의 내레이션을 다시 들려주는 듯하다. 아마도 이팝나무가 올해 피워 올린 꽃이 최고로 풍성하리라고 생각한다.

뱀

뱀이라면 딱 질색이다. 어릴 때 논 한가운데서 살다 보니 지천으로 뱀이 감겼다. 초가집 이엉 아래서도 누런 얼룩무늬 허물이 남았으며, 논두렁 지게 그늘 속에 자던 남동생 다리를 지나 덥석 개구리를 무는 무자치에는 온몸이 후들거렸다. 군불을 때느라 짚북데기를 덜어내던 날 둥글고 물컹한 것이 기어 나와 기겁하며 부지깽이를 내던졌고, 둑길 아래 돋은 봄

쑥을 캐다가 똬리를 튼 누룩뱀 무더기를 헛짚었을 때는 쑥 소쿠리 엎지르고 혼비백산 도망갔다.

뱀 앞에서 초지장이 되는 나와는 달리 아버지는 크게 놀라거나 당황하지 않았다. 내가 내던진 부지깽이나 지게 작대기로 뱀의 목을 누르고 한 손으로 머리를 잡고선 재빨리 몸통의 뼈를 훑었다. 그러면 빳빳하던 생물도 순간 정신을 잃고 축 늘어졌고 그걸 강물에 휘청 던지고선 마치 아무 일도 일어나지 않은 듯 양손을 훌훌 털어냈다. 한번은 내가 목이 부어서 심한 열병이 났는데 아버지는 허연 가루를 묻힌 보릿짚 깔때기를 며칠 동안 입속에다 훅훅 불어넣었다. 다행히 차도는 있었지만 가루의 정체가 말린 뱀을 빻은 것이라 하여 속이 온통 뒤집혔다. 그래도 언제나 뱀 앞에 구세주는 아버지였다.

살면서 두 번 다시 만나고 싶지 않은 것이 뱀이지만 인생은 뜻대로 되지 않는다. 수년 전 발리 여행 때였다. 숙소에 들어가자마자 흰 벽에 게코도마뱀 세 마리가 떡하니 붙어 있는 게 아닌가. 카운터에 가서 호들갑을 떨며 방을 바꾸어 달라고 소리쳤다. 그러나 반응은 뜨뜻미지근했다. 모기나 벌레를 잡는 이로운 동물인데 귀엽고 사랑스럽지 않으냐고 외려 의아한 표정으로 되물었다. 게다가 다른 방에는 대여섯 마리씩 있다는 말에 손사래를 치고 돌아섰다.

그런데 며칠 전 밤, 집에 하 수상한 울음소리가 들리기 시작했다. 내가 사는 아파트는 오래되었지만 주변이 산으로 둘러싸여서 조용하기 그지없다. 뿐만 아니라 베란다 앞이 산 중턱이라 사시절 눈앞에서 숲을 대할 수 있는 호사를 누린다. 봄에 창문을 열어놓으면 송홧가루가 날아들어 흰 걸레에 초록 먼지가 닦이는 기현상도 일고 달빛에 흔들리는 오동나무 그림자도 한 폭의 그림이다. 이런 창밖 풍경이 좋아서 나는 아예 식탁을 베란다로 옮겨놓고 밥도 먹고 글도 쓰고 책도 읽는다. 이토록 적막하고 고요한 가운데 풀피리 소리 같기도 하고 목탁 소리 같기도 한 정체불명의 울음소리가 계속 들려왔다.

꺽꺽대는 그 소리의 주인공을 알아내기까지는 그리 오래 걸리지 않았다. 선반 위에 허연 나무 꼬챙이를 잘라놓은 듯한 배설물이 몇 차례 떨어져 있었고, 새시 수리하던 아저씨가 고무통 속에 있던 어미 도마뱀 한 마리를 숲으로 던져준 일과 어딘가 새끼들이 더 있을지도 모르겠다고 한 말을 떠올렸다. 설마 십 년 넘게 이곳에 살았지만 청개구리는 올라온 적 있어도 도마뱀은 상상 속에서도 생각한 적이 없다. 몇 시간 동안 소파 뒤쪽에서 침입자의 울음소리가 새어 나왔다. 소파를 들어낼 엄두도 내지 못한 채 발리의 숙소가 다시 생각났다. 그때도 주변에 온갖 벌레가 떼창을 해서 내가 시끄럽다고 하자, 직원은 이곳에서 도마뱀 울음소리를 일곱 번 연달아 들으면 행운이 온다는 전설이 있으니 한번 귀 기울여보라며 씽긋 웃었다.

그 말을 위로 삼아 느닷없이 오밤중에 도마뱀 울음소리나 헤아리고 있다가 묘안을 생각해냈다. 불을 끄고 소쿠리를 든 채 숨소리마저 죽이고 가만히 엎드렸다. 나타나기만 하면 포획할 요량이다. 얼마나 지났을까. 우려했던 현실이 눈앞에 펼쳐졌다. 손가락 길이만 한 물체가 잘똑거리며 거실을 횡단한다. 제 딴에는 낌새가 이상했는지 휙 뒤돌아서 멈춰보기까지 하는 것이다. 필사적으로 소쿠리를 엎었다. 야생동물 보호법으로 도마뱀도 포획금지 종이라는 말을 어디서 듣기는 했지만, 나는 이 징그러운 뱀과는 같은 공간에서 절대로 살 수 없다. 다시 수건으로 덮쳐서 재빨리 창밖으로 내던져버렸다.

가히 심장이 떨어질 뻔했다. 아무리 조그만 것이라도 무조건 뱀이라면 머리끝이 쭈뼛 선다. 예전에 학생 과외 상담을 갔다가 거실에 애완용 뱀을 기르는 것을 보고 단박에 수업을 포기했으며, 열차 옆자리 청년의 팔뚝에 솟은 뱀 문신에도 섬찟섬찟하여 입석 칸으로 옮긴 일이 있다. 심지어 수영장 물속에 들어갈 때도 고향 개울에 구무럭구무럭 실뱀이 다녔던 기억이 되살아나 전신이 오싹거린다.

여하튼 길게 구불구불 기는 것은 생각만 해도 아주 소름 끼친다. 그런데 더 기가 막히는 일은 잊을 만하면 도마뱀이 출현하는 것이다. 벌써 대여섯 마리째다. 빨랫거리 속에도 숨었고 소금 자루 옆에도 서성였으며 세탁기 안에서도 놀라게 했다. 오늘은 아예 제집인 양 베란다 한쪽에서 도망치지 않는 녀석도 있었다. 어디로 들어왔는지 도무지 알 길이 없다. 교체한 유리벽 사이로 빈틈이 있을지도 몰라서 새시 기사님께 도움을 청했다. 전화기 너머 들려오는 그의 대답은 명징했다.

"그냥 냅둬유. 함께 살아가야지유."

아이쿠, 스승님. 참패가 따로 없다. 필시 이 영물은 내가 알지 못하는 신통한 능력을 가졌는지도 모르는 일. 예로부터 집안에 드는 뱀은 재복을 주는 지킴이로 여겨 업단지 속에 모셨으며, 삼국시대 기우제를 지낼 때도 도마뱀을 물동이 속에 띄우고 푸른 옷 입은 수십 명의 아이들이 버들가지로 동이를 두드리며 "도마뱀아, 도마뱀아, 안개를 토하고 구름을 일으켜 비를 퍼붓게 하면 너를 놓아주마." 외쳤고, 현대인들 또한 애완 뱀 키우기에 열광을 하는 것도 예사롭지가 않다.

그러니 스스로 몸을 돌려 앉아 생각을 바꿀 수밖에. 기우제 대신 창궐한 역병이나 쫓아내 달라고 빌어야 하겠다. 마음을 다스리려 눈을 감는다. 고향 강물이 넘실넘실 갈대숲을 기어간다.

자전거를 타다

다시, 시작하고 싶은 일들이 있다. 한 번만 더 기회를 준다면 잘할 것 같은, 실수하지 않을 것 같은, 지혜롭게 마음 추스르고 넘길 것 같은 일들이 문득 발목을 붙든다. 그러나 되돌아가기에는 너무 늦었고 이미 지나온 길은 막혀버렸다. 미래가 두렵더라도, 절망이 기다리고 있다 해도 이제는 나아갈 수밖에 없다. 마치 자전거 바퀴를 앞으로 굴려 가듯이.

자전거를 탄다. 마음이 어수선할 때에는 몸을 움직여 시름을 떨쳐내기로 한다. 을숙도 갈대밭을 시작점으로 낙동강 물길을 거슬러 북으로 북으로 페달을 밟는다. 며칠 전 이 길을 요량없이 나섰다가 낭패를 당하였다. 초보 실력으로 동호인들 후미를 따라 라이딩 도전장을 내밀었으니 결과는 예상대로 참담했다.

출발선까지 되돌아오는 길은 고통이었다. 맞바람을 버티다 자갈길에 나뒹굴었고 안장통과 함께 허벅지에 시퍼런 멍자국을 두르고 말았다. 기어 변경도 자유롭지 못한 데다 복장도 제대로 갖추지 아니하였고 간식을 잔뜩 넣은 거북등 같은 배낭까지 업은 탓이다. 왕복 사십여 킬로미터 길을 단 한 번의 휴식만으로 질주하는 팀에 합류했으니 무리가 오는 것은 당연한 일.

그 길을 다시 혼자서 간다. 제때 도전하지 않으면 갱신의 기회마저 놓치고 만다는 것을 뒤늦게 터득한 까닭일까. 이번에는 느리게 가기로 마음먹는다. 몸은 최대한 가벼워야 하리. 반듯하게 닦인 자전거 길도 있지만 강바람이 나드는 좁은 황톳

길을 따른다. 겨우 한 사람이 걸을 수 있는 여린 길에 두발 바퀴가 들어섰다. 한가롭게 돋는 햇풀들을 누르고 가기 자못 미안한 땅이다. 그 마음을 아는 듯 바퀴는 무거운 주인을 받치고도 공손하게 움직인다.

길이 따라 흐르고 강물이 번져간다. 차 소리도 사람 소리도 없다. 오로지 새들의 날개 부딪는 소리와 갈대청의 풋내와 흙바람의 부드러움만이 온몸을 감싼다. 초록 쑥 무더기 위에 봉긋이 떨어뜨리고 간 새똥도 반갑다. 나보다 먼저 다녀갔구나. 덤불 사이로 솟은 찔레나무가 눈물 같은 꽃을 뿌렸으며, 지천으로 돋은 토끼풀도 잎자루 위에 밥물이 넘치듯 허연 꽃숭어리를 펼쳐내고 있다. 세상은 각자 자신의 존재에 충실하느라 바쁘다. 저 강도 방금까지 흘러온 물이 모여서 출렁거리듯이 숨탄것들은 어제까지의 숨이 모여서 오늘의 생이 되었을 터. 나 역시 당신이 알던 어제의 내가 아니다.

느닷없이 이 강가에서 몸을 흔드는 한 포기의 옥수숫대가 바퀴를 멈추게 한다. 제 땅이 아닌 강둑에서도 살아 있는 것이 기특하다. 불룩한 옆구리를 뒤틀며 뿌리를 밀어 올리느라 얼마나 용을 썼을까. 그래도 푸른 잎만큼은 훨훨 자유롭구나. 옥수수밭에서 이탈한 저 삶이 가볍거나 하찮다고 말할 수 있는가.

풀 냄새를 안고 나무다리를 지난다. 이제 흙길은 끝나고 고개를 넘을 차례. 기어 변속만 제대로 하면 수월하게 오르막을 건널 수 있다. 앞쪽은 짱짱하게 당기고 뒤는 느슨하게 풀어야 가볍게 치고 올라간다. 이론과 달리 초보에게 오르막은 늘 극한의 고행이다. 호흡이 거칠어지고 다리 힘은 저절로 풀린다. 내리막이 쉬운 것도 결코 아니다. 내려갈 때는 발을 저어 바퀴를 굴리지 않는다. 이 가파른 길에서 한눈이라도 팔면 순간 휘청거리게 되는 법. 몸이 튀지 않도록 핸들을 꽉 붙들어야 한다. 구르는 바퀴 위에서 힘을 빼고 무게중심과 브레이크만으로 리듬을 탄다. 그러나 진정한 고수는 마음의 군더더기부터 덜어낸다.

낙동강 줄기를 따라 반나절을 달려왔다. 등줄기가 땀으로 범벅될 때 가장 청량하고 신선한 바람을 만난다. 자전거는 요령이 없고 오직 연습뿐임을 깨닫는다. 세상사 뜻대로 되는 것이 없지만 마음먹고 내디디면 이루어지는 일도 생긴다.

삶이란 스스로 선택한 길을 가는 것이므로 우직하게 바퀴를 저어가야만 할 일이다. 지칠 때쯤 '돌아보면 길은 결국 평탄하다.'는 김훈 선생의 말을 떠올리지 않을 수 없다.

낯선 것과 친해지려면

비상이 걸렸다. 곧 끝나리라 믿었던 전염병 사태가 쉽게 사그라지지 않는다. 외출은 자제하고 단체 활동은 금지되며 학생들의 개학도 늦추어졌다. 수업 일수는 속절없이 흐르고 급기야 대학가에서 비대면 수업을 예고하였다. 학생도 선생도 혼란스럽기는 마찬가지다.

주변의 선생들이 갑자기 바빠졌다. 양 축으로 갈라졌다.

컴퓨터에 익숙한 축은 능란한 기술에 재치 있는 입담까지 겸비하여 볼거리 있는 영상을 만들었다. 그들은 대면 수업 시작도 전에 입소문부터 나서 학생들에게 인기를 끌 게 분명하다. 반면 아날로그 세대들은 난감하고 당황스럽다. 여기저기서 한숨 소리가 터진다. 이럴 줄 알았으면 평소에 유튜브라도 배워놓을 걸 하는 후회가 막심이다.

화면이야 교안으로 만들어왔으니까 어설픈 흉내는 낼 수 있다. 그러나 문제는 동영상 제작이다. 컴퓨터를 잘 다루는 동료는 폭주하는 문의에 아예 휴대전화를 꺼두었다. 개인지도를 받거나 단기 학원 수강을 듣는 이도 생겼다. 제작 방법을 터득하면 웹캠을 사고 삼각대를 구하고 마이크를 준비하느라 분주하다. 영상물에 등장할 모니터 주변 환경을 정리하여 직캠을 찍거나, 동료 선생끼리 서로 수업 장면을 녹화해주기도 한다. 목소리가 자신 없는 선생은 성우 목소리 변환 파일을 작동시켜 녹음을 마친다.

와중에 웃지 못할 에피소드도 등장한다. 문답법 강의를 즐기던 한 선생은 생생한 현장감을 위해서 학생 대신 봉제 인형과의 자문자답 방식을 취했다. 핸드폰 동영상 셀프 강의를 촬영하던 분은 전화벨이 울리는 바람에 롱테이크 엔지가 났다며 투덜거리고, 한밤 녹화 중이던 어떤 선생은 아내의 코 고는 소리에 화들짝 놀라 재촬영했다는 일화까지 전한다. 학생들을 집중시키려고 강의 중간에 트로트를 불러서 찬반논란거리가 된 경우도 생겼고, 해당 링크가 퍼지면서 외부인의 장난 댓글이 달리는 아찔한 상황도 발생했다. 모두 처음 겪는 일이라 우왕좌왕이다.

학생들은 사이버 강의를 줄여서 '싸강'이라 부른다. 어느 밴드 대화방의 젊은 친구들이 나누는 이른바 '싸강 대참사'들이 웃프다. 비대면 첫 강의 날 서버 먹통 사건부터 좌우 반전 영상에 거울 모드 글자까지 천태만상이다. 수업 버튼을 켜자마자 "누워있는 학생 일어나세요."라며 천리안을 가진 선생과, 초점 흐린 영상 강의에 블랙홀에 빨려들 것 같다는 반응이며 고양이와 함께 수업을 들을 수 있다는 후기도 재미있다. 선생의 컴퓨터 조작 실수에 학생의 노련한 지도(?) 실화와 화상수업 때 마이크가 켜지지 않는 학생이 백지에 쓴 답을 흔들었다는 부분에서는 폭소가 터졌다.

나 역시 몇 시간 맡은 강의가 있어서 한 주 분량의 동영상 준비에 일주일 시간을 꼬박 바쳐야 했다. 정성에 비해 화면은 엉성하고 목소리는 투박한 사투리가 묻어나서 촌스럽기 그지없다. 정해진 분량에도 모자라니 급히 내용도 추가하였다. 들어보니 처음에 구상한 시나리오에 충실하지도 않았다. 원래 선생들은 무슨 할 말이 그리 많은지 수업 도중 옆길로 새기가 다반사인데 '싸강'에도 영락없이 다른 이야기를 하다가 제자리로 돌아오느라 버벅대기 일쑤였다. 인기 유튜버들의 노하우와 세련된 진행이 부러워지는 순간이다.

일정이 촉박하니 아쉬워도 어쩔 수 없다. 영상을 내 계정에 올려서 변환 파일을 다시 학교의 지정 링크에 업로드해야 하는데 이 또한 만만치 않다. 혼자 힘으로 연결하는 것도 한계가 왔다. 백기를 들고 인터넷 방송하는 지인에게 자문을 구했으나 복잡한 설명까지 알아듣지 못하니 거의 실신할 지경이다. 그때였다. 내 푸념에 전화기 너머 들려오는 말이 정신을 후려친다.

"낯선 것과도 친해 보세요."

당연하고 익숙한 것이 바로 바꿔야 할 대상이고 싸워야 할 상대라는 것이다. 한 땀 한 땀 자판을 연결시킨다. 무사히 첫 영상이 업로드되었다. 새로운 것을 거부하는 자는 세상과 소통할 수 없다는 생각이 옳았다. '싸강'은 계속 연장된다는 소식이다.

허공을 잡다

외줄 인생이 허공에 걸렸다. 무명 바지저고리에 푸른 갑사 전복을 입고 머리에 고깔을 쓴 줄꾼이 오름줄을 탄다. 겅중겅중 내딛는 걸음 따라 축축 허공 줄이 늘어나는데 자칫 헛발을 짚으면 천길 벼랑 끝이다. 쳐다보는 것만으로도 아찔하여 오금이 굳는다. 국립부산국악원 야외마당에 한바탕 신명놀음이 펼쳐졌다.

줄을 타는 광대를 어름사니라고 한다. 얼음 위를 걷듯이 아슬아슬한 곡예를 하는 줄꾼을 이르지만, 신의 경지에 도달할 만큼 재주를 부릴 줄 아는 사람이라는 깊은 뜻도 담겼다. 반대편 작수대까지 도착한 어름사니가 매호씨라고 불리는 줄 아래 어릿광대와 재치 있는 입담을 펼쳐낸다.

"여보게, 매호씨. 내가 저기까지 외줄을 타고 건너 가보는디, 천리가 지척이요 지척이 천리려니 참으로 아득허다."

"얼씨구."

재담을 나누는 매호씨 역시 추임새를 멋들어지게 받아치며 관중의 흥을 돋운다. 3m 외줄 위에서 목숨을 받쳐줄 것이라고는 쥘부채 하나뿐. 마치 제갈량이 백우선을 들고 삼군을 지휘하듯 오로지 부채만으로 허공을 잡는다. 쉴 새 없이 펴고 접으며 바람을 맞고 중심을 세운다. 떨어질 듯 말 듯 사시나무떨기를 하더니 물결이 흘러가듯 돛배가 움직이듯 줄을 건너간다.

구경꾼의 박수갈채에 여유도 늘었다. 이번에는 '떡쿵' 하는 장단 신호를 넣고 양반의 팔자걸음과 뾰족구두를 신은 현대 여성의 회똑 걸음을 흉내 낸다. 박수가 적으면 내려오겠다는 강짜에 남사당패의 풍물 장단이 소리를 더한다. 두 발을 뒤로 훑다가 코차기에 이어 가랑이 사이로 줄을 타며 솟구치는 허궁잽이가 시작된다. '줄을 타는 그 모습 바람 탄 제비 같구나.'라는 시 구절이 절로 떠오르는 풍경이다. 이때쯤이면 매호씨의 "그나저나 자네 그 밑천은 괜찮은가?" 하는 익살도 빠질 수 없다.

허공의 발이 얼마나 얼얼할까. 글쟁이 손가락에 펜혹이라는 굳은살이 붙듯이 줄꾼의 발에는 줄혹이 생긴다는 말을 들은 적이 있다. 비단 그것뿐이겠는가. 수도 없이 떨어지고 까지고 부러져 온몸을 바친 상처가 곳곳에 훈장처럼 새겨져 있을 터. 줄꾼은 발을 헛디뎌 추락해서는 안 되며, 너무 높이 하늘로 치솟아서도 아니 된다. 긴장을 늦추거나 지나치게 욕심을 부려도 실수할 것이다. 줄이 받아내는 탄력만큼만 힘을 써야 한다. 흔들리지 않는 균형감각으로 오직 허공 줄에 순응할 뿐이다.

줄타기가 정점으로 치닫는다. 줄꾼에게 가장 어려운 동작은 '살판'이라고 한다. 뒤로 몸을 틀어 올려 공중돌기를 한 다음 외줄에 앉는 동작으로 '죽을 판 살 판'에서 유래됐을 만큼 줄꾼들을 겁먹게 하는 연행이다. 땅줄에서조차 물구나무도 서지 못하는 내가 살판을 이루는 허공제비의 황홀경을 읽어내기란 쉽지 않은 일이다. 저 외로움이 오죽할까.

그때였다. 출렁거리던 줄이 더 이상 흔들리지 않는다. 어름사니가 외가닥 줄 위에 멈춰 섰다. 구경꾼들의 손아귀에도 땀이 고인다. 새어 나오는 탄성마저 애써 삼킨다. 지상에서 온갖 욕망으로 흔들렸을 몸이 자신마저 잊은 듯이 고요하다. 허공에 뿌리내린 한 그루 나무로 선 무아無我의 몸짓. 저것이 바로 살판을 뛰어넘는 최고난도 묘기가 아닌가. 줄타기란 단지 줄 재주만 부리는 것이 아닐 터이다.

진정한 줄꾼은 줄 위에서 자신만의 세상을 열어야 한다. 저 순간만큼은 세상의 감각을 끊고 오관을 닫아야 하리. 관객의 환호도 악사의 장단 소리도 매호꾼의 줄재담도 들리지 않는다. 오직 허공의 세계만 있을 뿐.

줄꾼이 합죽선을 모아 쥔다. 스스로 쥐고 펼 수 있는 것이 부채뿐이겠는가. 삶이란 언제나 자신의 손안에 있는 것을. 이제 두발로 땅 위에 방점을 찍을 차례. 비로소 허공을 잡은 손이 허공을 놓는다. 어찌 줄광대만 줄 인생을 살고 있으랴. 텅 빈 외줄 너머 국악원 부챗살 추녀가 곱다.

감히 이룰 수 없는 꿈을 꾸고

돈키호테를 다시 읽는다. 밀려드는 무력감을 이겨내기 위한 방안이다. 올 한 해도 여느 해처럼 바빴고 마감할 몇 가지 일도 모두 마무리지었다. 그럼에도 불구하고 들뜬 연말 분위기와는 달리 까닭 모를 허허로움에 마음이 짓눌린다. 도와줄 사람도 곁에 없으니 상실감이 바닥을 치기 전에 스스로 일어나야 한다. 이상을 향해 돌진하는 돈키호테의 용기를 얻고 싶었다.

완역판 두 권이 천팔백 쪽에 가깝다. 우리는 돈키호테를 다 읽지 않아도 모두 안다고 믿는다. 정신 나간 시골 노인이 기사도 책을 탐독하다가 편력 기사가 된 이야기, 로시난테라는 깡마른 말을 타고 놋대야 투구를 쓰고 시종 산초를 데리고 떠난 엉터리 모험담, 거인으로 착각한 풍차를 향해 돌진하는 무모한 내용들. 이것들이 모여서 만들어진 돈키호테라는 인물은 과대망상증을 지닌 어리석고 황당무계한 자로 전락하였다.

그 책임은 최초의 번역자 육당 최남선 선생까지 거슬러 올라간다. 그는 잡지 '청춘'을 통해 돈키호테를 '둔기호전기頓基浩傳奇'라고 소개하였는데, 풀이하면 '아둔한 자의 우스꽝스러운 이야기'가 되니 독자에게 미치광이 영웅담으로 단단히 각인시켜 버린 것이다. 그러니 완역본을 만나기 전까지는 괴괴망측한 기행을 나열한 오락책 쯤으로 당연히 오해를 하게 된다.

내가 생각하는 돈키호테의 가장 큰 매력은 현실을 뛰어넘는 힘이다. 그는 이발사 대야를 황금투구로 보고 물레방아 소리를 유령의 울음으로 들었으며 객줏집을 성으로 생각했다. 보이지 않는 것을 보고 들리지 않는 것을 듣고 생각지 못한 것을 생각하는 탁월한 능력을 지녔다. 사람들은 대부분 그 장면을 비웃겠지만 아마도 나 같은 미친한 글쟁이라면 작가 이상으로 상상의 세계를 발견하는 그의 광기가 부러울지도 모른다.

돈키호테의 독서력은 또 어떤가. 중세기사의 무용담을 읽느라 밤을 새우고 책을 사기 위해 논밭도 모두 팔았으며 심지어 하도 책을 많이 읽어 골수까지 말라 버렸다. 나폴레옹이 전쟁 중에도 책을 놓지 않았다거나 조선 시대 독서광인 이덕무가 눈병이 나도 실눈을 뜨고 독서 삼매경에 들었다는 이야기는 들어봤지만 어느 누구도 골수가 마를 때까지 책을 읽지는 못했다.

그뿐만 아니라 책을 믿고 자신의 신념을 즉시 실행한다. 불의에 맞서는 일이라면 주저하거나 미루지 않는다. 풍차와 일전을 벌이고 군대로 확신한 양 떼와 싸웠으며 적으로 생각한 포도주 자루를 박살 냈다. 숱한 싸움에서 넘어지고 엎어지고 이빨이 뽑힐지언정 산초에게조차 "친구여, 두려움이란 땅에 묻어라."며 당당히 앞장선다. 멸시와 비난을 견뎌내며 약자를 돌

보는 따뜻한 인간애도 품는다. 그러기에 더 나은 세상을 꿈꾸라고 외친 초라하고 왜소한 이 늙은 기인을 응원하지 않을 수가 없다.

돈키호테가 가장 두려워한 것은 무엇인가. 풍차 거인이나 사자 무리처럼 강력한 적을 만나는 것이 아니다. 꿈을 포기해야만 하는 순간이다. 고향 친구가 가장한 '하얀 달의 기사'와의 싸움에서 패함으로써 그는 꿈을 접고 귀향의 약속을 이행하게 된다. 진정한 기사는 약속도 충실히 지켜야 했으므로. 집으로 돌아온 돈키호테는 열병을 얻고 불면의 밤을 보내다 우울증에 빠져 숨을 거두고 만다. '미쳐서 살고, 정신 차려 죽는다.'라는 그의 묘비명 글귀를 읽다 보면 가장 웃긴 희극이 가장 슬픈 비극임을 절감케 된다.

돈키호테는 자신이 무엇이 되고 싶은지 분명히 알고 있었다. 세상을 변화시킬 수 있는 자도 돈키호테형 인간이다. 고민만 하다 죽은 햄릿보다 정의를 위해서 목숨 건 돈키호테가 훨씬 낫지 않은가.

감히 이룰 수 없는 꿈을 꾸고 감히 이루어질 수 없는 사랑을 하고 감히 닿을 수 없는 별에 이르고자, 견딜 수 없는 고통을 견디며 아무리 멀지라도 우직하게 걸어가겠다는 그의 말이 가슴에 박힌다. 이제 사백 살이 된 불멸의 영웅 돈키호테가 머뭇거리다 기회를 놓친 사람들에게 일러준다. 실패하더라도 도전해 봐야 후회가 남지 않는다고.

기러기를 친애하여

기러기 날고 단풍 물드는 계절이다. 그러니 이 계절에 기러기와 아니 친할 수가 없다. “기러기 울어예는 하늘 구만리 바람이 싸늘 불어 가을은 깊었네~”라는 노래에 가슴에 이는 바람은 스산하기만 하다. 아무리 창밖을 올려다봐도 끝없이 하늘을 난다는 기러기 떼는 눈에 들어오지 않는다. 그렇다면 친히 찾아 나서야 할 터.

기러기가 쉬어가는 정자가 있다고 들었다. 완주 만경강 줄기에 있는 비비정飛飛亭이다. 그곳 백사장에 내려앉은 기러기 떼를 비비낙안飛飛落雁이라 부른다니 만추에 수묵화 같은 비경을 놓치고 싶지 않다. 좀 멀면 어떤가. 의기투합한 일행들도 정해졌다.

떠날 날짜가 가까워질 무렵 뜻밖에 앞서 기러기를 볼 기회가 생겼다. 부산 근교에 기러기 농장이 있다는 것이다. 뿐만 아니라 기러기 요리까지 덤으로 맛볼 수 있다고 한다. 세상에, 기러기 고기를 먹는다니…. 생소하기만 하다. 채식주의자를 고집하는 지인의 도덕성을 강조하던 까칠한 목소리가 귀를 울린다. 하지만 곧 '네발 달린 짐승 중에는 나귀 고기가 최고이며, 날개 달린 짐승 중에는 기러기 고기가 으뜸'이라는 속담이 선입견을 제압한다.

내친김에 문헌을 뒤적였다. 동의보감 문구가 눈길을 확 끌어당긴다. 기러기 고기는 맛이 달고 독이 없으며 풍비로 저리고 기가 돌지 못하는 것을 치료한다는 허준 선생의 엄준한 말씀이 계셨다. 더군다나 머리털과 눈썹이 자라고 뼈가 튼튼해진다는 명 구절은 계절병을 앓는 내 심신을 치료하기에 적격이라는 생각이 들었다.

호기심이 식탐을 끌어당겼다. 난생처음으로 찾아간 기러기 농장에는 정말로 스무여 마리의 기러기들이 얌전히 있었다. 철새 기러기를 식용으로 개량한 것으로 일명 '머스코비 덕'이라고도 했다. 짧은 다리로 뒤뚱거릴 때마다 잿빛 깃털이 낙엽처럼 바스락댔고 목덜미의 붉은 살점은 단풍잎마냥 흔들거렸다. 그들은 앞마당을 활보하는 거위와 달리 낯선 손님 앞에서도 연신 머리를 주억이며 낮은 목소리로 소곤거렸다. 측은지심에 망설이는데 뒤꼍에서 모이를 쪼던 닭의 함성이 담장을 넘었다. 그놈은 분명 머뭇거리는 내 마음을 짚고 소리쳤을 것이다. 그럼 그렇지. 치킨을 마다할 자신이 없듯이 한번 기러기의 효능을 따르기로 마음먹었다.

드디어 기러기 고기의 출현이 이어졌다. 이른바 코스요리인 셈이다. 전골냄비에 육수가 부어지고 팽이버섯과 어린 배추와 숙주나물이 넉넉하게 끼얹어졌다. 얇게 저민 샤부샤부용 생고기가 먼저 나왔다. 육수에 익혀도 되지만 날것을 그대로 먹어도 된단다. 채소와 함께 마늘소스에 찍어 한입 머금었다. 담백하고 부드러운 첫맛이 반긴다. 고소하기까지 하다. 걱정했던 누린내도 나지 않는다. 참기름에 무쳐낸 육회는 소고기 맛과 구별하기 힘들다. 기러기 보쌈과 탕수육이 올려지고 기러기 백숙과 기러기 죽이 연거푸 상 위에 앉는다. 비비정 못지않은 낙안 풍경이다. 모처럼의 포식에 남은 두어 가지 요리는 연신 손사래를 쳤다. 그러나 삼백초를 넣어 달인 기러기 뼈 육수를 한 사발 먹어야 보양이 된다는 주인장의 엄포는 끝내 거역하지 못했다. 그날 나는 온몸을 열어 기어코 기러기를 받아들이고 말았다.

이틀 후 예정대로 비비정을 찾았다. 비비정에서 바라본 풍경은 가히 장관이었다. 멀리 김제평야를 둘러싼 지평선이 하늘을 받들고 백만 이랑을 적신다는 만경강에는 갈대와 물풀들이 느긋했다. 물이 깊었던 한때는 소금배와 젓거리배가 오르내렸고 기러기 무리가 넓은 모래벌을 까맣게 덮었다고 했다. 그러나 비비정 아래 강둑에는 겨우 한두 기러기 무리만 물숲을 거닐고 있었다. 그곳을 안내하던 토박이 시인은 비비정 기러기가 사라진 것에 대해 진실로 슬퍼하고 있었다. 나는 그만 죄인이 된 입을 꾹꾹 다물고 말았다.

때마침 춘원 이광수의 수필집 '연등기'가 떠올랐다. 그는 죽어 만일 새가 된다면 반드시 기러기가 되겠다고 했다. 나는 슬며시 비비정 나무 계단을 따라 강섶으로 내려갔다. 그리고는 그 옛날 기러기 떼들을 거느렸을 늙은 갈대들 앞에 두 손을 모았다. 먼저 내 몸속에 묻힌 기러기의 명복을 빌었다. 이어 나도 죽으면 기러기가 되게 해달라고 춘원의 흉내를 내어 갈대 흠향을 올렸다.

제3부

자신의 춤을 추어라

파두, 영혼의 노래를 듣다

'인간은 반드시 떠나게 되어 있다.' 오디세우스를 읽다가 무릎을 쳤다. 올해는 유난히 이별이 많았다. 나를 떠나간 사람도 있고 내가 마음을 닫은 인연도 있다. 이승을 떠난 사람이야 숙명으로 여기지만 멀어진 인연의 끈은 돌아보는 것만으로도 가슴이 시리다. 그러나 숱한 만남과 이별로 이루어지는 것이 인생길이 아닌가. 이미 어제의 길은 지났고 오늘은 다시 눈부시게 걸어가야 한다. 그 생각이 나를 이번 여름에 지구 반대편의 땅 포르투갈로 데려다 놓았다.

과연 해양의 나라라고 불릴 만큼 이베리아반도에서 넘어오는 지중해 바람은 거칠었다. 오디세우스가 세웠다는 수도 리스본의 언덕길을 오른다. 노란 전차가 지나간 자리 위에 붉은 제라늄 덤불이 그늘을 만든다. 고풍스러운 골목 벽은 타일 작품인 아줄레주 그림들이 즐비하다. 풍랑으로 정박한 오디세우스가 그를 사랑한 오피우사 여왕을 배신하자, 화가 난 여왕이 리스본을 흔들어 일곱 개 언덕으로 갈라놓았다는 전설이 푸른 타일 속에 펼쳐졌다.

후미진 뒷골목 사이로 낡은 선술집들이 붙어 있다. 포르투갈 여행객이라면 한번쯤 포트와인에 정어리 통조림을 안주 삼아 리스본의 밤을 기다린다. 파두 음악의 매력에 빠지기 위해서다. 카페나 변두리 술집에서는 유명 파두 가수 사진들을 걸어놓고 장사를 한다. 운이 좋으면 여관 창문 너머나 길가에서도 절정으로 치닫는 파두 음악에 취할 수 있다. 스페인에 플라멩코가 있다면 포르투갈에는 파두가 있다. 플라멩코는 비극적인 정열을 격렬한 춤과 함께 나타내지만, 파두에서는 춤을 찾아볼 수 없다. 오직 가슴을 후벼 파는 영혼의 노래만 있을 뿐이다.

파두는 운명을 뜻하는 라틴어에서 유래한 말이다. 국토의 절반을 대서양과 접한 지리적 특성도 파두의 밑바탕에 깔려 있다. 오백 년간 지배했던 무어인을 내쫓고 한때 대항해시대를 이끈 포르투갈인에게 바다는 동경의 세상이자 정복해야 할 대상이었다.

바다로 떠난 사나이들은 망향가를 불렀고 기다리던 여인들은 그리움을 노래했다. 쓸쓸한 사랑과 고단한 운명과 몸부림치도록 외로운 인생은 모두 파두 가사가 되었다. 그것이 다 운명이라고 믿는 사람들. 그들은 누구나 파두를 부른다. 어부도, 생선 장수도, 택시 기사도, 요리사도 모두 가수이고 삶의 주인공이다.

땅끝에서 부르는 리스본 파두를 듣는다. 무명의 여가수가 지금은 전설이 되어버린 파두의 여왕 아말리아 호드리게스의 '검은 돛배'를 육성으로 부른다. '당신이 탄 검은 돛배는 밝은 불빛 속에서 너울거리고, 바닷가 노파들은 당신이 돌아오지 않을 것이라고 말하죠.' 귀항선에 꽂힌 검은 돛대에서 이미 여인은 슬픈 소식을 예감한다. 눈을 감은 채 몸을 젖힌 가수의 비장한 표정에 청중은 숨을 죽인다.

파두 가수들은 검은 옷 검은 망토를 두르고 노래한다. 이백년 전 파두 가수였던 마리아 세베라를 기리기 위해서다. 집시였던 그녀가 백작과 사랑에 빠졌으나 서민의 음악이었던 파두는 외면당하고 신분의 벽마저 넘지 못한 채 스물여섯 살에 요절하고 만다. 이후 그녀의 명복을 비는 뜻에서 검은 옷은 파두 가수들의 전통 복장이 되었다. 만돌린을 닮은 열두 줄 악기 기타라 반주가 밑바닥에서부터 치오르는 감정을 다독여 준다.

파두의 음이 절정을 향한다. 길게 뽑은 비음과 가성으로 낮게 읊조리다가 전율하듯 극도의 고음으로 부르짖는다. 강렬한 바람처럼 밀려오는 성량이 가슴을 흔든다. 비통하고 애절하며 둔탁하고 거칠다. 마치 헨델의 메시아를 듣는 착각이 인다. 노랫말을 알지 못하더라도 심장을 파고드는 음색에 압도되고 만다. 한과 상처와 사무치는 그리움의 창법. 포르투갈에서는 이것을 사우다지Saudade라 부른다. 파두의 생명이다.

노래가 끝났다. 내 여행도 끝이 났다. 이제 발걸음은 어디로 향하는가. 오디세우스가 그토록 힘겹게 보냈던 여행의 목적도 결국 자기 자신에게 돌아오기 위한 것이라는 말을 떠올린다. 이곳 사람들이 파두를 운명으로 받아들이듯이 생의 이별도 숙명으로 안을 수밖에…. 끝은 다시 시작을 의미하는 것.

뿌리

뿌리가 박혔다. 어디 기댈 데가 없어서 하필이면 귀 안에 자리를 틀다니. 왼쪽 귀 달팽이관 옆에 자리잡은 뿌리는 주인을 무시로 괴롭힌다. 귀 안이 먹먹했다가 간질거리다가 살을 파고 새순 같은 돌기가 돋아오를 때쯤에는 급기야 송곳으로 찌른다. 온몸이 아파오기 시작한다. 뿌리가 깊으면 위험해요. 머리를 열어 수술할 수도 있어요. 특진을 맡은 전문의가 무덤덤한 목소리를 툭 던진다. 전신이 휘청거리고 마음마저 휑하니 뚫려버린다.

주변이 어수선했다. 혼자 지내기를 즐겼는데 방문을 걸어 닫을수록 답답해져왔다. 집 앞 오륙도 선착장으로 나가 바닷바람을 맞았다. 썰물 때면 성큼성큼 걸어서라도 갈 것 같은 푸른 섬들이 길게 늘어서 있었다. 내친김에 앞바다를 순환하는 낚싯배를 타고 눈앞 등대섬까지 가보기로 했다. 지척에서 마주친 풍경은 놀라웠다. 섬의 뒤쪽이 온통 가마우지의 배설물로 설산마냥 하얗게 덮여 있었다. 섬도 앓고 있었다. 섬의 뿌리가 얼마나 깊은지, 섬의 뒷모습이 얼마나 신비한지 앞에서는 알지 못했다. 눈에 보이는 것이 전부가 아닌 것을. 갯바위를 때리는 시퍼런 파도가 겉모습에 사로잡히지 말라고 호통친다.

세상에 뿌리 없는 것이 어디 있을까. 풀뿌리, 나무뿌리, 물의 뿌리, 말의 뿌리까지도. 어느 시인은 사람도 사람에게 뿌리를 내린다고 했다. 사랑하는 것 역시 뿌리를 내리는 일이니까. 뿌리가 부실하여 밑동을 받치지 못해도 위태롭지만, 왕성한 번식력으로 빈 땅을 점령하는 것도 곤란하다. 질주하는 뿌리들이 무섭다.

수술은 간단했다. 부분 마취약을 귀에 붓고 기다렸다가 수술 의자에 앉혀 놓고 귓속 돌기를 도려내었다. 수술 후 떼어낸 살점을 간호사가 하얀 거즈 위에 담아 왔다. 콩알만 한 것 두 개가 불빛에 반드르르 윤기마저 돌았다. 마치 박물관에서 본 중생대 화석 같기도 하고 보석상 진열장에서 꺼낸 진주 귀걸이 한 쌍을 보는 듯했다. 떼어낸 종양 중 한 개가 진주종이라 한다. 진주종이라니. 처음 듣는 이름이다. 이름은 아름답건만 뿌리가 깊어지면 고막을 녹이고 뇌를 파고 스며드는 강한 힘을 가졌다고 했다. 아찔했다. 조직검사 결과를 기다리는 동안 아무것도 손에 잡히지 않는다.

문득 소로우가 쓴 '야생 사과'가 생각났다. 그의 고향 마을 콩코드 숲에 야생 사과나무들이 자라는데 그 성장 과정이 특별하다. 풀밭에 떨어진 사과 씨의 싹이 움트면 소들이 와서 여린 싹잎을 모조리 뜯어 먹어버린다. 해마다 반복되는 동안 줄기와 뿌리만 남은 야생 사과나무는 옆으로만 탄탄해진다. 스무 해쯤 이런 일을 겪으면서 위로 오르지 못한 줄기 덤불은 빽빽해지고 땅속뿌리는 더욱 굵어진다. 그러다가 줄기들이 울타리가 될 즈음 소들은 더 이상 안쪽에 발을 디딜 수 없다. 마침내 가운데에서 발아한 새잎은 주변 가지들의 열기까지 더해 폭풍성장하여 한 그루 야생 사과나무가 완성된다. 내 몸에도 진주종 뿌리가 야생 사과나무처럼 똬리를 틀었다면 어떡하나.

지난여름 문우들과 필리핀 여행을 다녀왔다. 마닐라에서 제법 떨어진 깡시골 마을의 재래시장에 갔다. 유명 브랜드를 흉낸 낸 가짜 시계가 손수레마다 수북했다. 가짜 다이아몬드가 박힌 줄 시계와 구슬옥이 반짝이는 건강 시계도 원 달러 석 장만 내밀면 오케이였다. 두 개 값을 내면 한 개는 덤으로 따라왔다. 동료들은 지인의 선물을 구입하거나 가족 수만큼 고르기도 하였다. 모두 횡재한 표정이었다. 그러나 입국 심사도 마치기 전에 한두 개 멈추더니 한국에 도착하여서는 대부분 고장이 났다. 세련된 디자인이 아까웠다. 배터리라도 교환해볼까 하여 동네 시계점에 맡겨보기로 했다. 숙련된 삼십 년 시계 수리공이 뚜껑을 열어보더니 연신 고개를 갸우뚱했다.

"안이 텅 비었는데요."

그 시계에는 뿌리가 없었다.

겉이 매끈하면 뿌리도 탄탄한 줄 알았다. 눈에 보이지 않아야 튼실한 뿌리, 깊이 박혀야 견고한 뿌리, 오래되어야 흔들리지 않는 뿌리라고 생각했다. 나무는 땅에 뿌리를 박고 서 있어야 잎과 열매가 볼품 있다고 믿었으며, 사람도 심지가 깊어야 두텁고 과묵한 성품을 지닌다고 확신했다. 숨어서 제 역할을 하는 것, 그것이 뿌리의 본분이라 여겼다. 하지만 종종 뿌리들도 타인의 영토를 침범한다는 사실을 헤아리지 못했다. 겉모습에 가려진 내면의 고통을 들여다보려 하지 않았다.

예전에는 초록 잎과 그늘이 좋았는데 이젠 빈 가지를 받드는 민낯의 뿌리가 좋다. 맨살을 드러낸 층층나무 뿌리나 비탈에 선 노송의 노근을 대하면 생명의 경외감마저 인다. 뿌리를 드러낸 나무 앞에서 겉과 속이 같지 못한 우매한 인간이 그저 무색해진다.

다행히 뿌리는 얕았다. 내 귀가 품은 진주종도 씨알 없는 쭉정이였다. 잔뿌리가 번지기 전에 서둘러 뽑아낸 것이 천행이었다. 때로는 뿌리 내리지 않은 게 요행이고 알곡이 들지 않아도 괜찮다 싶다. 좀 느슨하면 어떤가. 뿌리도 제 자리에 내려야만 뿌리답다 하겠다.

자신의 춤을 추어라

두드림이 짙다. 스윙 음악에 맞춰 압도적인 탭댄스 군무가 시작된다. 뛰고, 앉고, 서고, 걸으며 종횡무진 무대를 누빈다. 배우는 발소리로 음악을 만들고 관객은 눈으로 춤을 읽는다. 휘몰아치는 몸의 소리를 듣는다. 과연 뮤지컬 '브로드웨이 42번가'의 춤꾼들답다.

그들은 온몸으로 자신을 표현한다. 움직일 때마다 폭발적

에너지가 솟는다. 북채가 된 몸이 무대를 두드리고 땅을 진동케 한다. 공연장 가득 탭 소리가 쏟아져 내린다. 추는 이도 지켜보는 이도 온전히 몰입한다. 춤은 그야말로 혼신으로 던져내는 몸의 언어. 시작詩作은 머리나 가슴이 아닌 온몸으로 밀고 나가는 것이라는 김수영 시인을 생각하는 것은 당연한 일. 문학을 목매달아 죽어도 좋은 나무라고 여기는 소설가와, 시상에 골똘하다가 바지를 입은 채 용변을 보았다는 시인과, 탈고를 하는 것은 원시반본原始返本의 물화라고 정의 내린 노 수필가도 연이어 떠올린다.

작가들이 글꾼이나 글쟁이라 낮추듯이 탭댄서들은 스스로 탭꾼이라 부른다. 내 주위에는 탭댄스에 온전히 삶을 바친 몇 명의 탭꾼들이 있다. 그들은 전국 공연장을 순회하기도 하고 탭의 본향인 뉴욕으로 날아가서 두어 달 춤만 추다 오기도 한다. 얼마 전에는 영화 '라라랜드'의 연인들처럼 황홀한 공연을 광안리 바닷가에서 오래도록 펼쳐 냈다. 그들 중 한 명이 브로드웨이 앙상블로 출연한 덕에 특별석의 호사를 누리게 되었다.

내가 처음으로 가까이에서 춤을 만난 것은 초등학교 때이다. 시골 학교 운동장에서 공옥진 여사가 병신춤을 추었다. 팔을 뒤틀고 다리를 절뚝이며 무대도 없는 모래밭을 오갔다. 탈을 갈아 쓰듯 오만 상으로 얼굴을 바꿀 때마다 내 표정도 덩달아 바뀌었다. 손가락과 발끝은 물론 이마에 흩어지는 머리카락까지도 몸의 관절과 연결된 듯 팽팽했다. 구경꾼들이 키득거리는 동안 나는 이상하리만치 진실로 슬펐다. 그 독특한 춤은 어린 가슴에 화인처럼 찍혀서 예쁘게 화장하고 튀튀나 입고 깜찍한 발롱이나 하는 현대무용은 시시해졌다.

몇 년 뒤 제대로 된 곱사춤을 딱 한 번 더 보았다. 부산 당감동 화장막 앞에서였다. 십 년을 병상에 계시던 아버지가 마지막 날에는 불구덩이 속에 누우셨다. 부지깽이를 든 불꾼이 아궁이 앞에서 소주병을 들고 몸을 흔들었다. 나는 불꽃이 덥석 관을 삼키고 육신을 사그라지게 하는 광경을 꼼짝 않고 지켜보았다. 천 원짜리를 한 다발 쥐고 앉아서 불꾼의 부지깽이가 아버지를 휘휘 저을 때마다 그에게 몇 장씩 건넸다. 그러면 시체를 뒤집지 아니하고 얌전히 불티를 다독거려 주었다. 그는 시종 술병 나발을 불면서 산 자와 죽은 자의 경계 같은 푸른 얼굴로 허리를 꺾어대며 느린 춤을 추었다. 누군들 죽음의 허무 앞에 서면 어찌 맨정신일 수 있으랴. 그것은 온몸으로 바치는 불꾼의 진혼춤이었다.

탭댄스는 누구나 출 수 있지만 모두가 조화롭게 어울려야 한다. 탭의 군무에 환호를 보내는 까닭도 다이내믹한 박자를 맞춰내는 완벽한 하모니 때문이다. 수필의 제재와 주제와 단락이 한데 어우러진 것과 같은 이치이다. 탭은 힘을 빼는 것으로부터 출발한다. 부드러움과 밸런스가 중요하다. 수필쓰기 역시 허세를 벗고 자신의 내면에 집중해야만 문장이 풀리게 되어 있다. 같은 동작이라도 탭꾼마다 선과 느낌이 다르다. 마치 자신만의 문채文彩로 빛나는 수필작가처럼. 춤이 잘되지 않으면 거듭 시도하고 틀리면 고치고 또 고쳐 나간다. 춤의 퇴고다. 한 편의 안무가 완성되고 한 편의 수필이 쓰여질 때 전신에 소리가 돌고 온몸에 글물이 든다. 관객과 독자에게까지 리듬이 흐르게 된다.

예술 지상주의자였던 가와바타 야스나리조차 춤은 보이는 음악이며 육체로 쓰는 시라고 명명했다. 그에게 춤이 영감의

창이 되듯 나에게 춤도 내 쓸쓸한 삶의 위안이 된다. 언젠가 탭꾼들의 연습실에 들렀다가 그들이 뿜어내는 역동적인 에너지에 매료되었다. 무용수들은 오로지 춤만 추고 있었다. 몸짓으로 말을 걸고 동작으로 답을 할뿐. 바닥을 치는 구둣발의 쇠징 소리만이 천장을 뚫고 사방으로 흩어졌다. 찌릿한 전선에 감긴 듯 전율이 일어 꼼짝할 수 없었다. 공옥진의 춤과 불꾼의 춤이 탭 소리와 포개졌다. 온몸으로 추는 춤. 그것이 내가 탭슈즈를 신게 된 이유이기도 하다.

문학과 춤은 한 뿌리를 가진 나무라고 믿는다. 춤이 감정을 뛰어넘는 몸의 언어라면 수필은 몸을 뛰어넘는 정신의 언어이다. 나는 유목민들의 발춤 같은 자유로운 탭댄스가 좋다. 그동안 두 번의 공연 무대에 올랐다. 자신이 할 수 없다고 생각하는 것에 도전하는 행위. 그것을 극복하는 일만큼 멋진 일이 있을까.

뮤지컬이 절정으로 치닫는다. 브로드웨이 댄서를 꿈꾸는 시골 소녀 페기는 오디션 기회를 놓치고 코러스 걸로 시작한다. 처음에는 무대 위의 한 점에 불과했으나 열정과 노력으로 마침

내 여주인공 자리를 꿰차게 된다. 얼마 전 들었던 어느 무용수의 인터뷰를 잊지 못한다. "나는 새벽 4시에 집에서 출발을 했어요. 한 시간 거리의 연습장에 와서 5시부터 연습을 시작했어요. 처음 들어왔는데 '잘하네….' 이 한마디 듣고 싶어서 새벽부터 밤 9시까지 몰래 울면서 연습했어요."라는. 그 무용수가 진정으로 칭찬 듣고 싶은 자는 누구인가. 수필가는 누구를 위해 글을 써야 하는가.

우리는 각자 자신의 춤을 추어야 한다. 음악이 없어도 음악을 만들어내는 탭댄서처럼 없는 길도 스스로 만들어가는 자가 수필가이다. 열정의 몸에 춤의 무늬가 새겨지듯 작가의 운명을 받드는 자에게 글의 문양이 돋게 되는 것이다.

널 믿는다

새로 온 교련 선생님은 완전 폼생폼사였다. 날을 세운 백 바지와 체크무늬 더블재킷에 행커치프까지 꽂은 옷맵시는 왁자지껄한 교실을 단번에 평정시켰다. 헌칠한 키에 이국적인 눈매는 소녀들을 설레게도 했지만, 어깨 각을 세우고 징소리를 내듯 구둣발을 튕길 때면 저절로 군기가 잡혔다. 구릿빛 얼굴에 쓴 검은 선글라스와 하얀 지휘봉은 첫날부터 그의 트레

이드마크가 되었다.

당시 교련은 고교 필수과목이었다. 우리는 학도호국단이라는 이름으로 일주일에 한두 번씩 제식훈련을 했다. 선생님은 교련과 체육 과목을 겸하였고 학생부장까지 맡아 선도부를 지휘했다. 학생들의 흰 체육복 바지에 검정 테이프 세로줄을 붙여 멋을 내게 한 것도 선생님의 아이디어였다. 운동장 수업이 없는 날은 교실에서 이론 공부를 했는데 늘 황당한 이야기로 우리를 폭소하게 만들었다. 프로야구 연봉 순위를 줄줄이 꿰거나 무좀 치료 민간요법을 가르치고 특전사 시절 영웅담을 진지하게 들려주었다. 만약 하품을 하거나 졸기라도 하면 모래 운동장을 맨발로 뛰어야 했다.

주특기는 불심검문이었다. 요컨대 수상한 물건은 모조리 압수하였다. 내 짝은 남자친구와 나눈 서푼짜리 반지를 빼앗겼고, 언니 서랍장에서 몰래 가져온 딱분과 립스틱을 고스란히 내놓은 친구도 있다. 호기심 많은 사춘기 소녀들이 이것저것 숨겨와도 선생님의 매서운 눈은 피해가지 못했으며 빼앗겨도 누구 하나 항의하지 않았다. 모두 졸업식 때까지 보관한다고 했는데 나중에 물건을 찾았는지는 알지 못한다.

선생님의 카리스마는 외모만큼 대단했다. 우리에겐 오로지 복종만을 요구하였다. 교련 연습을 시킬 때 구령 소리는 무장공비를 소탕할 만한 기세라서 전교생이 쩔쩔맸다. 그런데도 장래 희망이 교련 선생님이 될 거라는 아이들이 늘어났다. 지금 생각하면 엉뚱하지만 그때는 골치 아픈 과목을 안 가르치고 학생들 앞에서 폼을 잡는 모습이 근사해 보였던 까닭이다.

학창 시절 나는 조용하고 낯가림이 심한 아이였다. 명랑하고 활달한 아이들이 부러웠다. 그런데도 장기자랑 때 노래를 시키면 짐짓 빼다가 온 힘을 다해 부르곤 했다. 열창을 할 때는 양 발가락에 힘이 들어가고 등짝이 눅눅해졌으며 갈비뼈가 탄탄하게 부풀어올랐다. 그때 내 몸속에 열정 같은 게 묻혀 있다고 생각했다. 누가 그것을 조금만 끄집어 내어주면 불씨를 잘 살릴 수 있겠노라 여겼다. 교련 선생님이 내 마음을 읽었을까. 느닷없이 나를 대대장으로 임명했다. 키가 크니 당연히 목소리도 클 거라고 짐작한 것 같았다. 놀라서 얼어붙은 내게 평소와는 달리 나직하고 부드러운 목소리로 "널 믿는다."라는 한마디를 던졌다.

대대장이란 특명은 소심한 아이를 변화시켰다. 대대장 표시가 있는 계급장을 팔뚝에 차고 군대식 사열과 분열행진을 했는데 "우향 앞으로 갓, 좌향 앞으로 갓, 좌향 좌, 우향 우, 우로 봣, 받들어~~~총!"을 목이 닳도록 외쳐 댔다. 처음으로 복식 호흡법도 배우고 소리꾼이 기를 모으듯 박자를 짚고 리듬을 넣어 목을 감고 꺾었다. 일 년에 한 번 받는 교련 검열이 무사히 끝나고도 학기 동안 교련 조회가 이어졌다. 그동안 나는 제법 넉살을 키우고 깡아리도 생겨 친구들과도 곧잘 친해졌다.

그러던 중 일이 터졌다. 시내에 인기 디제이의 입담이 펼쳐지는 고고장이 유행하였는데 우리 반 희숙이가 그곳에서 열리는 디스코 경연대회에 참가한다고 했다. 희숙이는 지각과 무단결석을 도맡아놓았지만 춤 실력은 최고였다. 소풍날 최신 팝송 리듬에 맡긴 온몸의 율동을 경이롭게 보면서 열정이 몸 밖으로까지 돋은 희숙이야말로 진실로 대대장감이라고 생각했다. 우리는 모두 의기투합했다. 희숙이를 지지하는 응원 부대를 만든 것이다. 그 핑계로 나는 고고장이란 곳에 처음으로 발을 디뎠다. 그날 밤 닭장 같은 고고장에서는 대대장을 하며 살려낸 열정의 불씨가 절반쯤 전소되고 있었다.

문제는 다음날이었다. 희숙이의 지각이 교련 선생님께 딱 걸리고 말았다. 아무리 배짱이 두둑하여도 호랑이 선생 앞에서는 움츠러드는 법. 고고장 떼출입 명단이 꿰어졌다는 소문이 교련 선생님 발소리보다 먼저 도착했다. "널 믿는다."는 신망도 무너졌고 대대장으로서 세운 위신도 무효가 될 판이었다. 그날의 일탈자 명단이 한 옥타브 높아진 고성과 함께 차례차례 불려졌다. 우리의 밤 동지들이 죄수가 되어 허공을 젓는 지휘봉을 따라 교무실행을 하는 동안 의아하게도 내 이름만 쏙 빠져 있었다. 나는 얼굴이 화닥거려 고개를 들지 못했다. 자백할 용기도 없었다. 스무 명이나 되는 동지들이 나를 살려주었는지, 교련 선생님이 눈감아주었는지 끝내 알지 못했다. 나는 다시 모범생 자리로 되돌아갔다.

여고를 졸업한 지 삼십 년도 훌쩍 넘던 어느 해, 우연히 신문에 난 결혼상담소 광고를 보게 되었다. 낯익은 이름과 함께 광고주 사진까지 실려 있었다. 예전의 부리부리한 큰 눈은 힘이 풀렸지만 분명히 교련 선생님이었다. 결혼상담소장이라는 생뚱맞은 직업에 웃음부터 터져 나왔다. 파격적인 돈키호테 이미지는 사라지고 상대의 이야기에 귀 기울이며 설득하는 모습이 쉽게 상상되지 않았다.

망설일 필요가 없었다. 한 시간여 차를 몰아 선생님을 찾아갔다. 자택 일층에 차린 국제결혼상담소 입구에는 88올림픽 국제심판 때 입었던 붉은 상의가 자랑스레 걸려 있었다. 옆에는 성공한 쉰여섯 쌍의 결혼식 사진이 당당했다. 그 사이로 팔순의 괴짜 선생이 세월을 딛고 걸어 나왔다. 여전히 구둣발에 징소리가 났다. "받들어~~~총!"이라도 외쳐야 할 판이었으나 나는 그만 목이 메여 한 발짝도 움직일 수 없었다.

부처님, 트럭 타고 가신다

울고 싶은 날이다. 새벽부터 쓴 원고는 한순간의 실수로 날아가 버리고, 책상 모서리에 찍힌 새끼발가락은 피멍이 자욱하다. 일찌감치 잃은 입맛에 목도 축이지 못했는데 덜컥 오후 수업 시간이 가까워졌다. 두 시간 연강을 하려면 허기가 질 터. 잠시 편의점에 다녀오는 사이 주차위반 딱지까지 훈장처럼 붙어 있다.

울고 싶다 못해 온몸에 힘이 쭉 빠진다. 일이 꼬인 만큼 심사도 배배 틀리는지 이번에는 멀쩡하던 아랫배가 아파온다. 그래도 기운을 내야 하리. 다시 시동을 건다. 오늘따라 유난히 창밖 햇살도 따갑다. 에어컨 바람이라도 올리면 젖은 기운이 조금이나마 마르려나. 라디오 볼륨을 높이고 애써 마음을 다잡지만 그저 무기력할 뿐이다.

부둣길로 가는 신호가 길다. 백미러 뒤로 육중한 컨테이너 트럭들이 길게 줄을 섰다. 마치 출발 총성이라도 울리면 단거리 육상 선수마냥 무섭게 내칠 것 같은 위용에 오싹 주눅이 든다. 오늘은 종일 마음과 어긋나는 시간들이 흐른다. 내 몸이 한 박자 빠르든지 아니면 생각이 엇박자로 더디게 지나가고 있든지…. 이럴 때 이미 해답은 알고 있다. 원인은 언제나 내게 있으므로 스스로 화기火氣를 조율해야 한다.

창문을 내려 본다. 약간은 매운바람이지만 텁텁한 실내 공기를 바꾸어줄 것이다. 그런데 오 마이 갓! 부처님, 트럭 타고 가신다. 내 차 바로 옆의 푸른 용달차 짐칸에 포승줄로 결박당한 채 가만히 서 계신다.

그동안 봬온 부처님들은 법당에 앉았거나, 절 입구에 서 계시거나, 바위에 의지하시거나, 공기 좋은 산마루에 누우셨다. 또 풍채가 좋으신 부처님과 천진난만하게 생긴 동자승과 범접할 수 없는 위엄에 찬 불상들이었다. 심지어 눈과 코가 없는 석불 앞에서도 엄숙히 불공드리는 도반들을 보았다. 그러나 낡은 트럭 위에 계신 수더분한 부처님을 대면하기는 난생처음이다. 아, 지인의 시골 중학교 뒤에 부처님이 계셨는데 축구할 때마다 공에 맞아서 불쌍했다는 이야기는 들은 적 있다. 어쨌든 짐칸의 부처님은 대체 무슨 죄를 범하셨기에 꽁꽁 묶여 가시나.

한 차례 차선을 바꾸는 동안 트럭을 놓칠세라 바짝 긴장을 했다. 노년의 운전기사는 부처님을 혼자 두고 에어컨 바람 쐬기가 죄송한지 창문을 활짝 열어젖힌 채 차를 몰고 있다. 가만히 보니 뙤약볕에 부처님 쓰러지실까 봐 박스 몇 개 지지대 삼아 함께 묶으셨다. 나는 부처님과 나란히 달려서 다음 정지신호 때는 고개를 추어올려 접견할 요량이다. 내 마음을 알고나 있는 듯 편편한 길이지만 속력 내지 않는 트럭이 고맙기만 하다.

살아오면서 변변히 내세울 종교 하나 갖지 못했다. 그런데도 마음은 호젓한 산사에 기울어 해마다 지인에게 부탁하여 연등 하나 겨우 밝히는 처지이니, 내 힘든 일 있다고 쉽게 찾아뵙지 못한 마음을 알아차렸을까. 아니다. 언젠가 읽었던 법문을 기억하면, 불교에서 바라보는 인간의 됨됨이는 마음에 번뇌가 많고 적은가로 판단한다고 했다. 심신이 맑은 사람은 그의 내면 또한 밝은 빛으로 가득한 사람일 것이다. 그에 비하면 요즈음 내 마음은 얼마나 어지럽고 혼탁한가.

문득 십수 년 전 어떤 인연을 떠올린다. 때는 장마철이라 추적추적 비가 내리고 있었다. 운치 있는 숲속 풍경도 담을 겸 산길 쪽으로 핸들을 틀었다. 연보라색 종을 단 오동나무꽃 군락지를 지나 야트막한 산사 언덕을 휘돌 때 쯤, 젊은 행자승이 우산도 없이 길섶에 앉았다가 손을 번쩍 들었다. 승복은 군데군데 누런 흙물이 들었고 풀숲에 놓였던 책 보따리도 황톳물을 뒤집어쓰고 있었다. 큰스님에게 쫓겨났다고 했다. 해인사로 간다는 그를 터미널 근처에 내려주고 돌아본 뒷자리 역시 온통 흙탕물 범벅이었다. 그럼에도 불구하고 관세음보살 화신이라도 만난 듯 성냄도 없이 걸레질하였는데, 근간에는 티끌만 한 생채기에도 신경을 곤두세웠다.

그러니 이 딱한 중생을 가엾이 여겨 “내 육신은 마치 낡은 수레가 가죽 끈에 매여 간신히 움직이는 것과 같으니라.”고 하신 붓다의 설법을 되새겨주러 오신 것은 아닐는지.

신호가 붉게 바뀌었다. 정지선에 부처님과 내가 나란히 섰다. 차창을 내리고 두 손을 모은다. 마주친 얼굴이 화안하시다. 잔뜩 먼지를 덮어쓰고도 조용히 웃고 계신다.

“인생 그 별거 아니다.”

모두가 헛것이라고, 공연히 속 태우지 말라고 그윽이 일러주신다.

바다로 가는 마을버스

달린다. 바다를 향해 버스가 달린다. 느닷없이 오륙도 바다가 그리운 날이면 마을버스를 타야 한다. 정시에 딱딱 맞춰 서는 직행버스나 난방이 빵빵한 노선버스를 미련 없이 떠나보내고 미터기 소리가 심장 박동을 뛰게 하는 친절 택시도 사양한다. 진정한 바닷길을 만나려면 오륙도행 마을버스를 타 볼 일이다. 팍팍한 도심에 지친 당신을 파도 소리 저미는 선착장까지 어느새 데려다줄 테니까.

대학가를 비집고 선 마을버스 정류소. 흔한 나무 벤치도 없고 유리문 담장이나 번쩍이는 전광판도 보이지 않는다. 오직 조그만 표지판 하나. 그 낡은 기둥만이 세월을 지켜내고 있다. 부대끼는 긴 줄이 없으니 푸른 하늘을 올려보거나 지나는 바람 소리에 귀를 기울여도 좋다. 사람도 풍경이 되는 이곳에서 우리는 길을 내고 시간을 저장하고 기억을 어루만진다.

멀리서 버스가 회차점을 돌아 나온다. 낚싯대를 들고 오르는 노인의 등도 둥글고, 사과 봉지를 안은 소녀의 풋뺨에도 홍조가 물들었다. 숨비소리를 머금은 해녀 할머니와 갈맷길을 향하는 도보 여행자도 모였다. 어찌 그들뿐이겠는가. 개발에 밀려 자리를 옮겨야 했던 한센병 환자의 눈물 어린 고향 방문도 숨어있을 터.

곡선의 길을 달린다. 좁은 골목길이나 비탈 마을 대신 구불구불한 아파트 단지를 한 바퀴 휘돈다. 검은 개흙밭 염전이 있던 곳이다. 소금 개펄에 흙이 더해지면서 바다가 땅이 되고 배들의 정박지에 고층 아파트가 들어섰다. 그 까닭에 슬레이트

지붕의 푸른 물탱크와 담장 너머로 보이는 빈집의 툇마루도 사라졌다.

소금꽃 흔적처럼 남은 작은 포구 하나. 섶자리를 지난다. 바다풀인 '섶'이 있던 자리가 지명이 된 곳. 외지인들이 와서 꼼장어를 먹고, 조개구이를 먹고, 자연산 회를 먹는 곳, 그리고 서둘러 떠나는 곳이다. 그들은 이 어수선한 선창을 눈여겨보지 않는다. 달이 뜰 때의 풍경을 알기나 할까. 하늘에 하나, 바다에 하나. 두 개의 달이 뜨고 또 두 개의 달이 지는 비경의 포구를.

"어디까지 가능교?"

낚시꾼 노인이 배낭을 멘 청년에게 말을 건넨다. 빈자리를 두고도 노선안내도만 뚫어지라 쳐다보는 여행객이 안쓰러운 모양이다. 청년은 대답 대신 스마트폰 지도를 내민다.

"끝까지 가면 돼."

한참 들여다보던 노인이 답을 던지자 청년의 얼굴에 순한 웃음이 번진다. 아마도 나처럼 오륙도를 가는 모양이다. '끝까지 가면 된다.'는 말이 가슴에 박혀온다. 그래, 무엇이든 끝까지 밀고 가야 하리. 마을버스를 타도 종점까지 가봐야 할 것. 끝이란 다시 시작하는 지점이니까.

버스가 제법 오래 서 있다. 멀리 짐을 든 승객이 손짓하며 뛰어오고 있다. 기다려 달라는 것. 그것만큼 절실한 것이 있을까. 엔진 소리를 낮춘 버스가 느긋하다. 투박한 사투리가 질펀하게 깔리는 자리. 중년 부인의 목청 큰 전화 소리와 끊어질 듯 이어지는 어린아이 울음소리도 정겨운 안부가 되는 곳. 차창 너머 골목식당과 오래된 술집과 재래시장이 펼쳐진다. 보리밥과 빈대떡도 있고 양푼이국수와 수구레국밥도 미각을 돋운다. 시간이 넉넉하다면 잠시 내려 시장 구경을 해도 괜찮다. 서울 손님도 찾는 할매빙수를 맛보고 맷돌에서 내린 콩국물을 들이키는 것도 흔치 않은 일이니까. 바닥에 일회용 종이컵이 구른다. 구겨진 간이 영수증과 음료수 병뚜껑까지…. 이것들을 어찌 쓰레기라고만 부를 수 있을까. 푹 꺼진 비닐 의자에 남은 온기처럼 하루를 살아낸 흔적이 아닌가. 뜸 들인 버스가 인정을 싣고 달린다.

숲길로 마을버스가 넘어간다. 이 길이 진짜 숨은 길이다. 자가용을 탄 여행객이라면 큰길로 가겠지만 토박이 사람들은 샛길을 찾는다. 오리나무 숲 그늘에 장자산 바람이 출렁인다. 여름 반딧불이가 숲을 찌르고 겨울 동백이 달빛을 되쏘는 길. 걸어가도 좋고 차를 타도 좋다. 풀 냄새를 안고 물봉선화 향을 머금으며 산꿩 소리도 담아 가는 곳. 화물차도 관광버스도 다닐 수 없는 길, 오직 마을버스만이 겨울 숲길을 오른다.

"이 길 때문에 운전을 하지요."

기사가 던지는 뜻밖의 말이 반갑다. 그렇구나. 모두가 아끼는 길이 되었구나. 고갯길을 넘으면 물빛에 눈이 부신다. 기대 이상의 바다 풍경에 첫 방문객이라면 한결같이 "와아~" 하고 탄성을 내지르는 곳이다. 등대섬 곁으로 고깃배가 지난다. 그러고 보니 낡고 작은 마을버스는 육지를 다니는 통통배가 되는 것을. 육지의 통통배가 잘록개 언덕에 올라선다. 버스가 덜컹 비탈에 끼는가 싶더니 거친 엔진 소리 몇 번 뿜고 길을 뚫는다.

선착장 종점에 내린다. 등대의 바다, 가마우지의 바닷속에 오륙도가 뿌리를 내렸다. 남해와 동해의 경계 표지석에 서서 해풍을 맞는다. 이곳은 수년 전까지 한센인들이 살았던 용호농장 터. 사라진 그들은 어디로 갔을까. 바람의 언덕에 핀 개망초

들만 머리를 하얗게 흔든다. 파도를 삼킨 바다가 저물어간다.

더 이상 종점 손님은 없다. 바다로 왔다가 육지 속으로 떠나는 버스에 다시 몸을 싣는다. 삶이란 별 거 아니다. 그저 도시로 바다로 숲으로 다니다가 저물녘 마을버스를 타고 집으로 되돌아가는 일인 것을.

동네 극장

동네 극장이 간판을 내렸다. 작은 것들이 무너지고 언저리가 밀려나간다. 애초부터 지하철과 동떨어진 곳, 시내버스도 드문드문한 주택가 삼거리, 그 골목길 모퉁이의 조그만 지하 극장이 문을 닫는다. 스크린은 당연히 한 개뿐, 매끈한 영화표 대신 손 글자로 적은 티켓, 아날로그 영사기에서 필름 감기는 소리가 더 이상 없다. 미처 십 년을 채우지 못한 채 마지막 상영을 끝내었다.

극장은 늘 조용했다. 지하 계단을 내려오는 관객들의 발소리는 나직하고 오가는 대화들도 벽을 넘지 않았다. 시내 극장의 절반 값으로 영화를 보고 훈남 배우가 살인미소를 날리는 포스터를 몇 장씩 가져가도 눈치 보이지 않았다. 주로 독립영화나 인디영화를 상영했는데 후드 티셔츠를 뒤집어쓰고 혼자 가도 어색하지 않은 곳이었다. 열여 명 관객들이 듬성듬성 자리 잡으면 표를 끊던 종업원이 가끔씩 무대에 서서 싱거운 퀴즈를 내고 썰렁한 상품을 주곤 했다. 한 번은 러닝타임 두 시간 반짜리 흑백영화를 보았는데 호사롭게 혼자 관객이 된 적도 있다.

영화관에서 맞는 어둠은 늘 설레었다. 어둠이 고여서 빛을 만들어내고 빛과 색이 모여 강물과 들판과 사람을 탄생시켰다. 혼자 있더라도 함께였고 아무것도 없었지만 모든 것이 존재했다. 많은 사람을 스크린에서 만났다. 늙은 마부와 딸, 사막에 버려진 늑대 소년, 심야식당 주방장, 전 재산이 여행용 가방 한 개뿐인 떠돌이 소녀, 여자를 사랑한 사람 바지씨, 혼자가 되고 싶지 않은 외톨이, 억울하게 학살당한 제주민들, 산길을 헤매는 밀양 할머니들, 수많은 고독사의 영혼들…. 이들을 어찌 현실에서 다 만나볼 수 있을까. 그들의 삶이 나의 것이고 우리의 일상이 될 수 있다는 것을 알게 해 준 공간이었다.

어릴 때 동네 극장은 유일하게 텔레비전을 갖춘 재곤이 아재 집이었다. 재곤이 아지매는 하얀 얼굴에 선한 웃음을 짓는 색시였는데 내가 가면 국수도 말아주고 센뻬이 과자도 선뜻 내어놓았다. 주제가가 애달픈 연속극 '아씨'와 태현실 배우가 나오는 '여로'를 뜻도 모른 채 지켜보았다. 깜깜한 밤중에 도채비가 나오는 거름밭을 지나 집으로 달려가야 하는 일은 언제나 뒷전이었다.

그즈음 동네 공터에 이동식 가설극장이 들어왔는데 조용하던 시골 밤을 술렁이게 했다. 하루 일을 마친 아낙들은 피곤함도 잊고 삼삼오오 카보나이트 불빛을 따라 천막 극장 안으로 들어갔다. 입구에서 조무래기들의 출입을 막았지만 개구멍으로 기어들기 일쑤였고 나 역시 엄마의 치마폭에 감싸여 도둑 입장을 즐겼다. 유랑 배우들은 신경통약 같은 물약도 팔고 트위스트와 고고댄스도 추고, 왕년의 스타였던 장소팔과 고춘자

만담도 흉내 내었다. 지금 생각해도 제대로 기억나는 내용은 없으나 영화는 엉성하기 짝이 없었다. 화면은 지지직대며 빗줄기를 그어댔고 대사는 발전기 소리에 곧잘 묻혔으며 무시로 필름이 끊어지면 야유의 휘파람 소리가 들리곤 했다. 하지만 그때의 가설극장은 먼 동네 사람들까지 하루 만에 모으는 위력을 지녔고 낯선 스크린 풍경이 시골 아이에게도 미지의 세계를 꿈꾸게 했다.

내가 다시 동네 극장을 찾은 것은 어른이 되고도 한참 지나서였다. 그동안 만난 극장들은 모두 근사했다. 학창 시절 친구 아버지가 문지기로 있던 읍내 극장도 벽이 높았고 동시 상영을 해주던 싸구려 삼류 극장도 야간 조명이 화려했다. 심지어 사진으로만 본 아테네 언덕의 고대 디오니소스 극장도 훌륭했다. 물론 지금도 극장은 많다. 스마트폰으로 예약이 가능한 멀티플렉스관이 즐비하고 샤롯데 씨어터 같은 커플석 전용 극장도 생겼으며 밥도 먹고 영화도 보는 시네드쉐프관도 인기를 얻는다. 그러니 동네 극장 한 개쯤 사라진다고 해서 아쉬워할 사람이 얼마나 될까.

나는 태생적으로 외딴집 출신이라 변두리가 좋다. 중심은 당당하고 활기차지만 왠지 위태롭고 답답할 뿐. 팝콘 냄새 풍기는 대형 영화관의 푹신한 의자보다 어수룩하고 심심한 언저리 영화관이 그지없이 편안하다. 없어서 넉넉하고 비어서 오히려 따뜻하다. 극장 앞 골목길도 한산하기는 마찬가지. 천천히 걷다 보면 빈 땅에 누운 그림자도 보이고 낮은 기와에 돋은 푸른 이끼와도 마주치고 하늘을 나는 새 떼도 더 많이 만난다. 하지만 하루 만에 사라진 극장과 함께 이곳 풍경들도 접어야 할 때.

'국도극장' 지하 계단 앞에서 쉬이 발길이 떨어지지 않는다.

아재파탈

유행에 둔감한 당신. 배꼽까지 끌어올린 통바지와 발가락 양말은 단골 아이템이다. 마트나 영화관에 갈 때도 만능 유니폼인 등산복 점퍼로 불룩한 배를 감추고, 정장으로 깔맞춤 하는 날에는 큐빅 박힌 원색 넥타이로 포인트를 준다. 어딘가 한 박자 늦으며 젊은이들의 대화를 해독하지 못해 답답할 때도 있으나 가끔 엉뚱한 멘트로 좌중을 폭소케 하는 재주를 지녔다.

고깃집 물수건으로 스스럼없이 목덜미를 닦는 당신을 사람들은 중년 아저씨라고 부른다.

그러한 당신이 변하고 있다. '아재'라는 말로 자신을 낮추었다. 오빠도 아저씨도 할배도 아닌 아재. 단어가 가지는 힘은 위대하다. 아저씨가 아재로 호명되는 순간, 굳은 얼굴이 펴지고 목소리는 다감해진다. 허세와 권위를 내던지니 세대 간 대화가 가능해졌다.

그 선봉에는 아재 개그가 있다.

"할아버지가 좋아하는 돈은?" "할머니"

"이미자 더하기 이미자는?" "사미자"

"고래 두 마리가 같이 소리 지르면?" "고래고래"

"모든 사람이 일어나게 하는 숫자는?" "다섯"

"원숭이를 불에 구우면?" "구운몽"

"박사와 학사가 밥을 잘 먹으면?" "박학다식"

철 지난 유머 코드에 실소를 금할 길이 없다. 답은 무조건 썰렁하다. 그런데 썰렁할수록 반응은 더욱 폭발적이다. 둔한 사람은 아무리 생각해도 왜 웃기는지 알지 못하다가 집에 가서

잠잘 때 깨닫고 빵 터진다고도 한다. 그것이 아재 개그의 핵심이다.

아재 개그 보급에 고군분투하는 당신의 역할이 눈물겹다. '주목!'이라는 명령으로 시작하지만 기억회로가 마찰이라도 일으키면 안주머니의 수첩까지 뒤적이며 이어나간다. 웃음 포인트에 찬바람을 날리거나 "헐~" 하는 탄식어가 터져 나와도 좌중이 웃을 때까지 뻔뻔하게 반복한다. 심지어 웃어야 하는 이유까지 훈시하여 기어코 박장대소를 받아내고야 만다. 대단한 집념이다. 기특한 아재 개그다.

소통하려는 당신은 멋지다. 찢청까지 소화하는 패셔니스타는 아닐지언정 골반바지 입기를 시도하고 백팩을 걸치며 비비드한 컬러 티셔츠로 멋을 낸다. 해장국 입맛을 양보하고 디저트 카페의 브런치 메뉴를 선택하며 급할 땐 컵밥도 마다치 않는다. 핫한 아이돌그룹도 기억하고 SNS 계정도 만들었다. 신사의 매너를 갖춘 듬직함과 유머코드를 뿜는 반전 매력이 잘 어우러졌다. 여기에 후배들과 뜻이 통한다면 드디어 당신도 치명적인 매력남으로서 아재파탈 대열에 합류하게 된 것이다.

하지만 아무나 아재가 될 수 없다. 일부는 꼰대로 자족한다. 젊은 꼰대에서 늙꼰으로 또 그랜드꼰대로 오지랖을 넓혀나간다. 그들은 애초에 유행 따위는 관심 없다. 툭툭 반말을 던지고, 간섭하고 지적질한다. 부하들의 휴일을 대수롭지 않게 생각하고 예사롭게 사생활을 캐묻고, 상대의 말을 일언지하에 묵살하고도 상처 난 마음을 들여다보려 하지 않는다. 악성 꼰대는 "답은 정해져 있으니 너는 대답만 하면 돼."라는 '답정너'를 강요한다. 그러고도 정작 본인은 꼰대이즘인 사실을 모르거나 부정한다. 꼰대질은 꼰대들에게나 하라는 유행어도 있지 않은가.

당신이 꼰대가 되지 않으려면 "너는 틀렸어." 하고 무조건 단정 짓지 마라. 고답적인 이야기는 노잼이다. 당신이 아는 것이 전부가 아니다. 원치 않는 조언으로 타인을 가르치려고 하지 말라. 그때는 맞았지만 지금은 틀릴 수 있다. 때로는 시시콜콜한 말도 경청할 줄 알아야 하는 법. 당신과 이야기하고 싶은 상대의 속뜻도 품어야 하리. 펀드는 것이 익숙하지 않다면 적절한 추임새쯤 넣어 주시라. 우리는 말이 통하는 사람을 원한다. 그것이 '어쩌다 어른'이 아닌 '진짜 어른'이 되는 길이다.

급변하는 시대다. 단어가 바뀌고 뜻이 달라진다. 사물도 사람도 변하고 생각은 뒤섞여 기발한 아이디어가 탄생한다. 런치와 디너를 겸한 '딘치' 메뉴가 생겼고, 도시락에 치킨을 담은 '치도락'이 출시되었으며, 코트와 카디건을 합친 '코디건'도 인기몰이를 하고 있다. 남성에 대한 선호도도 달라졌다. 과거 여성들이 터프한 마초 스타일에 호감을 가졌다면 지금은 부드러운 매너남인 그루밍족에게 눈길을 돌린다. 꽃청춘의 남자가 세월 따라 아저씨로 변하는 것은 당연하겠지만, 품격 있는 아재가 되려면 스스로 불통의 철벽을 허물어야 한다. 어찌 보면 젊음과 늙음은 하나가 아닌가. 그 중심에 아재가 자리한다.

그러니 그대여, 노땅의 이미지는 이제 그만.

답답한 꼰대보다 러블리한 아재를 위하여!

나도 야한 여자가 좋다

시대의 아이콘, 광마가 떠났다. 손가락질하고 돌팔매치던 사람들이 사회적 타살이니 시대를 앞서갔느니 호들갑이다. 언론도 달라졌다. 변태와 색마, 외설 작가라는 수식어를 잽싸게 끌어내리고 자유로운 영혼으로 칭송하고 천재 작가로 추켜세운다. 생전에 외면당하던 책들도 몸값이 뛰고 골방에 묻혔던 그의 그림마저 툭툭 먼지를 털고 일어설 기색이다. 하지만 여전히 '사라'는 갇혀서 즐겁지 아니하다.

그는 시대의 아웃사이더였다. 성에 대해 점잖을 떠는 신사 숙녀들 앞에서 '페티시 오르가슴'이나 '카타르시스란 무엇인가' 같은 원초적 발언을 했으니 교수 동료들마저 '삐딱하게 보기'에 충분했으리라. '나는 찢어진 것을 보면 흥분한다'며 '가자 장미 여관으로' 재촉하고 '빨가벗고 몸 하나로 뭉치자'며 '더럽게 사랑하자' 외쳤으니, 광마가 앞세운 '즐거운 사라'는 한반도를 강타했던 태풍 사라만큼 위력이 강했을 터. 결국 그의 소설은 대중의 질시 속에 '사랑받지 못하여' 아쉽게도 '상상놀이'에 그치고 만다. '모든 것은 슬프게 지나간다'는 표제처럼 그의 '권태'를 짐작하게 되는 것을.

처절하게 외로웠다 한다. 누가 불러주질 않아 집에서만 지냈다고 했다. 솔깃한 글을 쓰고 아찔한 그림을 그리고 찌릿한 상상을 해댔다. 줄창 장미 담배 연기만 날리며 그의 주인공 사라와 밀담을 나누었다. 밤이 없는 천당이 너무 밝아 달밤의 섹스도 없는 천당에 가기 싫다고 저항하던 사람이 외로움이라는 거대한 벽 앞에서 스스로 무너졌다.

숨이 탁탁 막힌다. 참다 참다가 외롭다고 말할 때의 고통을 아는가. 그것은 생이 타들어가는 마른 숨소리 같은 거다. 여린 바람만 불어도 푹 주저앉는 물거품 같은 거다. 고독의 밑바닥을 쳐본 사람은 알고 있다. 외로움이란 근사한 찻집에서 홀로 아메리카노를 마시는 것이 아니다. 자가용이나 타고 가서 바닷바람을 감고 폼 재는 일이 아니라는 것을. 진짜 외로운 사람은 외롭다는 말을 내뱉지 않는다. 함부로 울지도 않는다. 외로움. 그것은 죽음으로밖에 설명할 수 없는 무서운 말이기 때문이다.

한때 그의 책을 비밀스럽게 읽었다. 조신한 새댁이 '야한 여자'나 '장미 여관' 같은 단어를 입에 담는 것은 불경스러운 일로 여겼다. 나는 고향의 '오복당문고'라는 시골 서점에서 산 '가자, 장미여관으로'라는 시집을 달력으로 가린 채 은밀하게 힐끔힐끔 들여다보곤 했다. 정신보다 육체가 더 가치롭다는 말에 갸웃거리기도 했지만 여성의 욕망을 허영으로만 해석하지 말라는 부분에서는 고개를 끄덕였다. 그가 여성 편이었다는 사실을 깨닫기까지는 오랜 시간이 걸렸다.

천재들이라면 반항을 꿈꾼다. 시대에 아둔한 그러나 누구보다도 예민한 자들이다. 그렇지만 이상과 현실이 어긋나서 패기마저 쉬이 꺾여버리는 여리디여린 사람들이다. 한때 세상을 향해 덤벼들던 문학의 별 하나가 떨어졌다. 시를 두들겨 패주고 싶다던 반역의 작가. 야한 여자를 위해 평생을 바친 심약한 남자. 감금된 사라를 하염없이 기다렸던 외로운 사람. '기쁘지도 않으면서 마주했던 우리의 만남, 죽지도 못하면서 시도했던 우리의 정사'라는 쓸쓸한 시를 쓰며 그의 말대로 꺼져버리고 말았다.

금기를 건드리는 것이 예술이란 것을 잊고 있었다. 그가 벗긴 것은 여자가 아니라 문학이라는 옷이 아닌가. 고상한 문체와 엄숙한 표현으로 포장되어야 권위 있는 책으로 받아들였으니까. 여자의 민얼굴이 남자를 압도할 때도 있듯이 글의 민낯도 너무 적나라하면 독자는 당황하여 한 걸음 물러서게 되는 법. 황망한 부고장 앞에 비로소 그의 작품이 세월을 앞서갔음을 알게 된 것이다. 우둔한 독자였다.

이제는 시대가 바뀌었다. 도심에는 사라보다 야한 여자들이 즐비하다. 색색의 네일아트가 유행하고 컬러 염색은 기본이며 화려한 문신도 드러낸다. 19금 노랫말이 인기상승을 달리고 관능적인 누드 화보와 변태적 성애 영화도 예술이라는 이름으로 공개된다. 성문화는 자유로워졌다. 혼전 관계가 관대해졌고 싱글맘과 싱글대디도 생겨났다. 가끔 보도되는 지하 계단 밑의 밤 문화는 더욱 음란해졌다. 그럼에도 유독 예술적 표현은 아직도 심판대 위에 세워지고 있다. 근엄한 법관도 침대 위에서 점잖기만 할까. 문학을 어찌 법의 잣대로 잴 일인가.

그가 호소했다. 인간의 본능에 관대해 달라. 진짜 야한 여자는 겉과 속이 다 야해야 한다. 온몸에 치장을 하고 갖가지 원색 매니큐어를 바른 손톱 긴 여자를 사랑해주세요. 송곳 하이힐에 그로데스크한 눈화장과 붉은 입술의 여인들을 나무라지 말아주세요. 도덕적 엄격함으로도 재지 말아주세요. 스스로의 본성에 충실한 여자가 그가 말하는 야野한 여자라는 것을.

나도 야한 여자가 좋다. 당당하게 꾸미는 여자. 솔직하게 자신을 표현하는 여자. 원시적인 정열을 가진 여자. 그렇게 사랑하고 또 사랑받는 여자. 그들의 로망 사라처럼.

시간의 껍질

시간에 대해서 시달린 적이 있는가. 나는 종종 흐르지 않는 시간이 나를 괴롭힐 때가 있다. 예컨대 어느 한가한 오후, 바람에 흔들리는 창밖의 나무를 보다가도 불현듯 그 풍경이 십 년 전 내가 보았던 어느 날과 똑같은 것이다. 망막을 흔드는 나무와 살갗에 닿는 바람과 코끝을 스치는 냄새와 들려오는 목소리들. 단지 기억이 아니고 눈앞에 펼쳐진 생생한 장면이라는 것에, 다시는 떠올리고 싶지 않은 광경임에, 나는 절망하고 몸을 떨고 시달릴 때가 있다. 분명 시간의 환幻에 지나지 않는다고 생각하면서도 과연 시간이라는 것은 제대로 있기나 할까, 과거와 현재와 미래로 가르는 것은 옳은 일인가, 혹여 개개인의 시간이 다르게 흐르는 것은 아닐까 하는 의문을 갖는다.

보르헤스를 읽다가 보르헤스가 인식한 시간의 영원성에 주목하게 된다. 보르헤스는 시간을 두 종류로 나뉜다. 하나는 과거, 현재, 미래로 진행되는 '시계 시간'이고, 다른 하나는 '미로 시간'이다. 미로 시간은 시계 시간처럼 선형으로 흐르는 것이 아니라 마치 미로의 공간처럼 매 순간 두 갈래로 갈라져 무한 증식하며 동시에 펼쳐지고 공존한다. 그러기에 그 누구도 과거를 살지 않았으며 미래를 살지 않을 것이다. 현재만이 모든 삶의 양태라는 결론에 도달한다.

보르헤스에게 절대적인 시간의 질서는 없다. 다선적이며 가역적이고 추상적이며 다양하여 아주 복잡하다. 그러니 그의 해석대로라면 어제를 살았던 사람은 오늘은 죽은 사람이며 마찬가지로 오늘을 사는 사람은 내일이면 죽을 사람이 되는 것이다. 그는 시간을 끝없이 회전하는 원이라고 가정한다. '시간은 강물이어서 나를 휩쓸어 가지만, 내가 곧 강이다. 시간은 호랑이여서 나를 덮쳐 갈기갈기 찢어 버리지만, 내가 바로 호랑이다. 시간은 불인 까닭에 나를 태워 없애지만, 나는 불에 다름 아니다.'라는 인식이 그가 생각하는 시간의 본질이다.

그렇다면 내가 느낀 시간 속의 어느 한순간은 존재하는가. 보르헤스식이라면 시공간 속에서 어떤 날, 어떤 곳은 결코 존재할 수 없다. 내가 존재하는 시간 속에 당신은 존재하지 않고, 어떤 시간 속에서는 당신은 존재하지만 나는 존재하지 않으며, 때로는 두 사람이 함께 존재할 수도 혹은 아무도 존재하지 않을 수도 있다. 진정한 시간이란 무한으로 이어지는 일련의 흐름 속에서 끝내 손에 잡히지 않는 공空이 되는 것이다. 그 허망함이 보르헤스 스스로를 아무것도 아닌 자로 규정짓는다.

보르헤스의 글 읽기는 때때로 당혹스럽다. 사물과 현실에 대한 기존 인식의 틀을 여지없이 허물어버린다. 그 이유는 유년 시절을 온통 아버지의 서재에서 보냈다고 하는 그의 자서에서 드러난다. 변호사였던 부친의 독서 성향과 문학에 대한 관심이 그를 독서광으로 만들었고, 형이상학과 철학적 사유, 다양한 종교와 동서양 문학에 대한 식견, 시공간과 언어에 대한 새로운 인식론적 토대를 다지게 하였다.

그에게 책은 기억의 재현이며 상상력의 확장이다. 훗날 다독多讀으로 눈이 멀게 된 후에도 구술을 통한 새로운 형식의 집필이 이어졌다. 그는 일생동안 음지에 가린 작가였다고 말한 적이 있다. 그의 말대로라면 음지의 작가였기에 그만의 독특한 언어관과 시간관이 직조되었고 사물을 뒤집어 읽는 메타포가 생성되었다고 여긴다. 그래서 그의 글은 충격을 넘어 다소 혁명적이다. 가령 그가 구현하는 명제는 다음과 같다. '어떤 사람이 꿈속에서 에덴동산에 갔다가 그곳에 갔었다는 증거로 꽃을 한 송이 받았다고 하자. 그런데 꿈에서 깨어나 보니 그 꽃이 손에 쥐어져 있었다.'라는 영국의 시인 콜리지가 쓴 시 '콜리지의 꽃'을 읽고 그것이야말로 완벽한 상상이라고 생각하는 거다.

과연 보르헤스답다. 꿈속에서 쥐고 있던 꽃이 깨어난 후에도 손에 남아 있다고 가정하는 것에 대하여 태연한 보르헤스다. 나아가 완벽한 상상이라고까지 도출해낸다. 보르헤스의 미학은 텍스트의 무한성에서도 나타난다. 그는 한 권의 책이 무한한 책이 될 수 있는 여러 가지 방법들을 생각했다. 마지막 페이지가 첫 페이지와 동일하여 매번 다시 처음으로 돌아가는 순환적이고 원형적인 책, '천일야화'처럼 이야기 속에 이야기가 삽입되고, 섬뜩하게도 자신과 동일한 이야기가 감지되어 마치 거울 속에 거울이 있듯이 느껴지는 책. 따라서 보르헤스의 글쓰기는 과거의 시간을 무한히 확장해내고 현실과 호환하며 세계를 해체시킨다. 그것이 반복되면 어디까지가 현실이고 어디까지가 허상인지 구분해낼 수 없게 된다. 그러한 전복이 그가 지향하는 목표점이 된다.

보르헤스가 끈질기게 말하고 있는 시간의 개념은 무엇인가. 우리는 왜 보르헤스의 시간 속에 빠져드는가. 결국 인간 자신과 인간이 만든 작품까지도 덧없이 흘러가는 시간의 한 모습이라는 것, 그 소멸하는 시간이 그려내는 형상이라는 것, 시간이라는 껍질을 벗겨내야 할 것. 그것이 보르헤스의 핵심이 아닐까. 책을 덮으며 보르헤스의 부음을 듣고 멕시코 시인 옥타비오 빠스가 쓴 글귀를 생각한다.

"우리는 위대한 한 작가—보르헤스—가 우리 모두가 동시에 활 쏘는 이, 화살, 그리고 과녁이라는 사실을 일깨워 준 것을 기억하자."

제4부

세상의 중심을 잡고 팽이처럼

울게 하소서 · 가만히 앉는다 · 세상의 중심을 잡고 팽이처럼 · 문학하기 좋은 때 · 시장을 품다 · 수필의 성城을 지켜라 · 화차를 만나다 · 본디 도달할 수 없는 · 침묵의 힘 · 여자를 사랑하는 여자

울게 하소서

눈을 감는다. 바이올린 줄을 휘감은 애절한 소리가 들려온다. 울게 하소서, 날 울게 하소서…. 남자인 그가 여자의 목소리로 노래한다. 전율이 흐른다. 잔인한 운명을 내버려 달라는 노랫말이 슬프다 못해 비통하다. 영화 '파리넬리'의 마지막 장면이다.

파리넬리는 전설적인 카스트라토로서 실존 인물이다. 중세

교회에서 '여자는 잠잠하라'는 성경 구절로 교황은 여성들의 음악 활동을 금지했다. 당연히 성가대는 남자들로 구성되었다. 카스트라토는 소년 시절 목소리를 유지하도록 변성기 전에 거세를 한 가수이다. 높은 음역까지도 남자들이 맡아야 했는데 그 역할을 카스트라토가 해냈다. 그들은 어른이 되어서도 맑고 힘찬 소프라노나 알토의 음역대를 넘나들었다. 당시 정상급 카스트라토는 요즘 영화배우나 아이돌 가수를 능가할 정도로 인기를 끌었다.

남성의 목소리라고 믿기 어려운 미성으로 아리아를 부르는 파리넬리. 그는 소년 성가대원 시절 작곡가인 형의 야심으로 거세를 당하는 비운을 맞는다. 천부적인 재능으로 형과 함께한 유럽 순회공연 이후에는 엄청난 명성을 얻었다. 그러나 온전한 남자가 아니었으므로 연인과의 잠자리마저 형에게 양보해야만 했다. 형 리카르도 또한 파리넬리를 자신의 곡만을 노래할 악기인 양 더욱 집착한다. 마침내 형과의 결별은 음악 인생의 전환점에 이른다. 처음으로 헨델의 곡을 무대에서 부르게 된 것이다.

황금빛 가면 위로 붉은 깃털이 흔들린다. 소름 끼치도록 비장한 고음과 강렬한 눈빛이 관객의 심장을 찌른다. 남성도 여성도 아닌 그. 오직 노래로서 존재를 인정받는 삶이다. 그는 늘 관객들에게 열광적인 환호를 받았다. 여인들이 탄식의 눈물을 흘리며 실신하고, 독서로 외면하던 백작 부인도 음색에 취해 목걸이까지 풀어 바쳤으며, 스페인 국왕은 그의 노래를 들으며 불면증을 치료했다. 울게 하소서, 날 울게 하소서…. 화면을 뚫고 아리아가 울려 퍼진다. 자신의 처지를 한탄하듯 절망과 슬픔을 쏟아낸다. 카스트라토의 목소리가 자연을 거스른 속임수라며 비난하던 헨델마저 전율을 느끼며 쓰러진다.

모든 것을 가지려는 사람은 아무것도 가질 수 없다. 파리넬리는 신체를 잃고 목소리를 얻었다. 그가 그토록 열창하는 이유는 무엇인가. 성性을 포기하면서 노래에 몰입하는 것은 부와 명예와 인기만을 위한 일은 아닐 터이다. 그는 노래로서 뜨거운 울음을 토해내는 것이다. 그 소리가 들리는 사람이라면 함께 눈물을 흘리지 않을 수 없다. 울음이란 언어와 몸짓으로도 다다를 수 없는 영혼의 말이니까.

영화 '서편제'에서도 소리꾼 송화가 두 눈을 잃고 한의 목청을 내었다. 한국 역사에는 거세된 남성들이 원나라 환관이 되는 것을 출세의 첩경으로 여긴 적도 있다. 조선시대 북포 직조 기술자들이 자식의 팔을 비틀어버린 봉비封臂도 마찬가지다. 고달픈 일을 대물림시키지 않으려는 눈물의 고육책이었다. 이렇듯 가혹한 희생을 빌어 인생을 바꾸기도 한다. 하지만 그러한 삶을 선택한 자는 스스로 눈물을 흘리지 않는다. 오직 몸으로 울 뿐이다.

우리는 잃고 나서야 스스로를 알기 시작한다. 나는 어릴 때 큰물로 집이 잠기고 나자 철이 들었고 열 살 때 아버지가 쓰러진 후부터는 더욱 의젓해졌다. 가족을 잃었을 때도 침착하였고 혼자 남겨졌을 때는 냉정하리만큼 단단해졌다. 요즘도 무시로 길을 잃지만 크게 두려워하지 않는다. 내가 길을 잃었을 때도 그 후에도, 강과 나무와 하늘은 늘 그 자리에 있다는 것을 알기 때문이다. 그럴 때마다 어느 시인의 '가만히 서 있어라.'는 말을 떠올린다. 인생의 길도 다를 바 없다. 잃고 난 자리는 언제나 새 출발점이 되어 준다. 잃는다는 것은 곧 얻는 것이니까.

한때 오페라 계를 쥐락펴락했던 파리넬리의 목소리는 역사 속으로 사라졌다. 카스트라토가 법적으로 금지되면서 이들을 대신하는 카운터테너들이 새로 등장했다. 남성성을 상실한 몸은 아니지만 카스트라토의 발성법을 연습하여 고음을 노래한다. 헨델의 오페라 리날도의 제2막 '울게 하소서' 역시 유명 카운터테너들의 애창곡이 되었다. 그들이 부르는 동영상을 몇 번이나 되돌려 들어본다. 하나같이 세련된 기교와 화려한 음색이 고품격 오케스트라의 연주와 잘 어우러졌다. 그러나 그들이 부르는 노래는 더 이상 애절하지도 슬프지도 않다. 희생을 감내한 몸의 울음이 들리지 않아서일까. 덤덤하고 무심하기만 하다.

번번이 길을 잃다가 낯선 길을 단번에 찾을 때가 있다. 잃는 것에 익숙해지면 찾은 것이 오히려 낯설다. 삶이 버거운 사람은 눈물 같은 건 잊은 지 오래다. 나에게도 울음이란 속으로 꾹꾹 누르는 것이다. 그러나 때로는 울고 싶다. 더 이상 슬프지 않는 일이 슬퍼지도록 나를 울게 해 주소서….

가만히 앉는다

'달리고, 달리고'라는 광고 카피를 들어보았는가. 밤새 달리고 그 다음날 갈증을 푼다는 음료 광고 문구이다. 유행이 한참 지난 뒤에야 나는 그 광고를 처음 들었다. 곱창집에서 지인들과 소주잔을 부딪고 있는데 TV 속 훈남 배우가 어젯밤 완전히 달렸음을 고백했다. 이때 달린다는 것은 뛰거나 운전을 하거나 일에 몰두하는 것이 아니다. 춤추고 술 마시며 격정적으로 논다는 뜻이다. 그 놀이로 밤을 새우려면 온밤을 말 타고 달리는 것과 같으니 노는 것도 목숨 걸 일이다. 이 얼마나 대단한가.

이제 그 제품은 광고 컨셉을 바꾸어 '달리지' 않는다. 그런데도 '달리고, 달리고'를 외치던 예전의 카피가 무시로 내 발목을 잡는다. 마치 손잡고 함께 달리자고 권유하듯이. 아니, 너는 그동안 어떻게 달려왔는가 반문하는 듯…. 머쓱했다.

내가 유희를 하며 밤새 달린 적이 있던가. 일 속에 파묻혀 꼬박 밤을 새운 적은 많지만 잠도 거른 채 놀아본 기억은 가물거린다. 바쁘다는 말을 입에 물고 습관처럼 시간 없다며 두 발 동동 구르고 다녔다.

"문제는 당신이 너무 열심히 일한다는 것이다."

밤낮 달리느라 친구들 정기모임에도 들쑥날쑥한 내게 한 친구가 요즘 유행하는 책 제목을 패러디하여 일침을 놓았다. 그는 잘 노는 것도 현명한 일이라며 한쪽으로만 태엽을 감지 말라고 강조했다. 하기야 진짜 한국인의 혈통이라면 잘 놀 줄도 알아야 할 터이다. '삼국지 위지동이전'에도 우리 민족은 한번 놀기 시작하면 술 먹고 고기 먹고 춤추고 노래하며 사흘 밤낮을 보낸다고 적혀 있으니까.

둘러보니 잘 놀고 있는 사람이 많다. 얼마 전부터 홀로 시골에 기거하는 지인이 있다. 가족에게 삼 년간 휴가를 얻었다고 하지만 자신에게 스스로 휴가를 준 셈이다. 그는 아침 새소리에 깨어 산책하고 텃밭을 가꾸며 미뤘던 책을 읽는 단순한 생을 즐긴다. 그러면서도 가장 많이 하는 일은 자신과 이야기하는 것이라고 한다. 그게 그가 노는 방법이다. 잘 놀아야 생각도 잘한다는 느긋한 삶에 고개를 끄덕인다.

세상이 놀이터라면 삶은 생놀이가 아닌가. 영화 '왕의 남자' 엔딩 장면도 "한 판 잘 놀아보세."였다. 나 역시 잘 놀기로 마음먹었다. 3년간 다니던 일터를 미련없이 그만두었다. 퇴직과 함께 섬 여행을 떠났다. 시골 슬레이트집을 빌려 유숙을 하고 렌터카를 운전하다 마음 내키는 곳에 차를 대고 쉬었다. 해변을 어슬렁거리며 낙조를 보거나 오가는 여행자와 담소를 나누었다. 계곡물도 느리게 흐르고 산비탈 왕벚꽃도 천천히 떨어지고 있었다. 폭우와 강풍으로 오는 비행기가 결항되었는데도 하루 더 머문다고 생각하니 순조로웠다. 급할 것도 바쁠 것도 없었다. 삶에도 흐르는 속도가 있으니 질러갈 이유가 없다고 여겨졌다.

미루었던 사람을 만났으며 밀쳐뒀던 놀거리도 찾아내었다. 전주에 사는 시인과 함양 농월정에서 반보기를 하며 그녀가 담은 백화주를 마시고 검은등뻐꾸기 울음소리도 흉내내며 늦봄을 보내었다. 삼십 년 만에 은사님과 재회했으며 껄끄러웠던 선배와도 오해를 풀었다. 동네 영화관에도 가고 시골 무대에서 펼쳐진 연극도 보았다. 자전거를 타고 야생화가 흐드러진 낙동강 언덕길도 달리고 뮤지컬 무대에서 탭댄스를 추는 용기도 가졌다. 하루 글을 쓰지 않는다고 달라지는 것도 없고 빨래를 미룬다고 입을 옷이 없는 것도 아니었다.

그러나 더욱 신나는 건 요즘 '멍 때리기'에 빠졌다는 것이다. 이것이 내가 터득한 잘 노는 방법이다. 고상한 명상도 못되고 고매한 수행도 아니지만 넋을 놓은 채 뇌를 쉬게 하고 머리를 비우는 일이 즐겁다. 그것은 피하거나 멈추는 것이 아니다. 아무 일도 일어나지 않는 고요를 만나는 순간이다. 그동안 일을 할 때는 오로지 나에게만 몰입했다. 틀리지 않으려고, 완벽해지려고, 타인에게 인정받으려고…. 얼마나 자신에게 집착했던가.

이 시간 이 고요. 바람이 흐르고 또 바람이 머문다. 흘러도 괜찮고 머물러도 상관없다. 가만히 앉는다. 그리고 나를 놓는다. 자신을 잊으면 주변이 드러나는 법. 서서히 어둠이 걷힌다. 그저 지켜보면 되는 것을. 달빛 비추어도 흔들리지 않는 창밖저 나무처럼.

세상의 중심을 잡고 팽이처럼

영화 '스윙키즈'가 흥행을 이어가고 있다. 한국전쟁 당시 거제 포로수용소에 다인종으로 꾸려진 탭댄스단을 중심으로 펼쳐지는 이야기다.

탭댄스에 몰두한 포로 댄스단은 강당뿐 아니라 길 위에서도 연습에 몰입한다. 암살 지령을 받은 인민군 로기수의 함축된 대사 "아이 완트 쟈스트 댄스."가 그들의 춤추고 싶은 욕망을 대변한다. 여주인공 양판래가 쇠징이 박힌 탭슈즈를 마법슈즈라 칭했다. 탭슈즈를 신고 춤을 추는 동안 가난도 전쟁도 상처도 잊게 만든 까닭이다.

양판래 역을 맡은 배우 박혜수가 턴을 하는 장면이 보고 싶었다. 20초 분량의 턴을 위해 하루 네댓 시간씩 몇 달간 연습했다는 인터뷰 내용에 감격했다. 천 번 넘게 회전했다는 그녀에게 아낌없는 박수를 보내고 싶었다.

영화관에 들어서는 순간부터 배우들의 발구르는 소리가 들리는 듯하다. 탭댄스 동호인으로서 무대 뒷줄에서나마 몇 차례 공연 경험이 있는 나로서는 더욱 기대감이 고조된다. 전쟁이라는 배경 위에 춤이라는 소재로 갈등을 극복하려는 설정이 이미 판타지적이지만 영화는 즐겨야 하는 법. 러닝타임 내내 이념서사보다는 춤의 서사를 따르기로 한 것도 나만의 관람 방식이었다.

두어 달 후 내가 속한 탭댄스 팀의 세 번째 정기공연이 예정되어 있다. 영화에서 춤은 비현실적이지만 내게 있어 춤은 꿈만 같은 현실이다. 공연장에서 전문 춤꾼들의 현란한 몸짓은 모두의 시선을 끌지만 아마추어 탭퍼들의 어설프지만 진지한 동작도 흥미로운 볼거리가 된다.

내 안무 중에 딱 한 바퀴 도는 턴 동작이 그날 무대의 포인트다. 발레나 피겨에서 한쪽 다리로 몸의 중심을 잡고 제자리에서 도는 피루엣Pirouette만큼 고난도는 아니지만, 나에게는 가장 어려운 동작이다. 힐Heel과 토Toe를 징검다리처럼 찍으며 완성하는 느린 회전이라 해도 몸이 굳은 중년 아줌마에게는 무리가 아닐 수 없다.

틈틈이 연습을 하고 있지만 나의 턴은 아직도 매끄럽지 않다. 스텝이 되면 몸이 기울고 자세를 고치면 발이 꼬였다. 속도를 조금만 가해도 한 바퀴를 훌쩍 지나고 힘이 약하면 반밖에 돌지 못했다. 제대로 하려면 고개를 정면으로 향하다가 절도 있게 꺾어 재빨리 되돌아와야 한다. 그러나 나는 늘 중심을 잡지 못해 휘청댔고, 음악마저 초보 댄서의 안무를 비웃듯이 가로지르며 내달렸다.

한 바퀴 턴도 깔끔하게 돌지 못해 마음까지 기우뚱해 있을 때였다. 연습실에서 휙휙 바람 소리를 내며 회전에 몰두하는 한 젊은 청년을 보았다. 그는 최신 록 음악에 맞춰 탭댄스와 록킹댄스를 섞어가며 아무렇지도 않게 몇 바퀴씩 폼 나게 돌고 있었다. 마치 무게 중심을 잘 잡은 인간 팽이를 보는 것 같았다.

어릴 때 시골 아이들은 겨울철 내내 팽이를 돌렸다. 호기심 많은 계집아이들도 가끔씩 끼어들곤 했다. 눈짐작으로 팽이 지름과 높이를 가늠하여 허드레 나무를 깎고 다듬어 밑동에 심을 박아 갈면 근사한 팽이가 만들어졌다. 매운 팽이채 세례를 받은 나무 팽이는 굳은 땅 위에서 핑그르르 중심을 잡고 일어서더니 싱싱 잘도 돌아갔다. 팽이가 한껏 회전력을 얻어 안정감 있게 돌아가면 가만히 그 자리에서 멈춘 듯 고요해진다. 언젠가 유명 판화가의 글에서 그 순간을 '팽이가 존다.'고 표현한 것을 읽은 적이 있다. 무릎을 쳤다. 원심력과 구심력의 균형이 팽이의 직립을 이루어냈다. 내 턴도 고요한 직립을 지키려면 얼마나 많은 연습을 해야 할는지.

인간 팽이가 나무 팽이와 다른 점이 있다면 채찍을 맞지 않고도 돌 수 있다는 것이다. 팽이는 맞아야 서지만 사람은 스스로 일어설 수 있다. 혹한의 빙판뿐만 아니라 열사의 사막

위에서도 맹렬히 돌 수 있다. 중심이 서야 흔들림이 없다. 자신의 힘으로 돌지 못한다면 어찌 살아있다고 할 수 있으랴. 인간은 누구나 넘어지지 않으려 각자 도는 팽이가 아닌가. 그러고 보니 매사에 허둥대며 주변 바람에 쉬이 흔들리는 성정을 지닌 내 몸의 균형인들 오죽할까.

관객들의 탄성이 쏟아진다. 스윙키즈단이 무대에 올랐다. 마침내 양판래가 턴을 한다. 전쟁도 이념도 잊은 채 빙그르르 인간 팽이가 돈다. 덩달아 나도 발을 모으고 중심을 잡는다.

문학하기 좋은 때

전염병으로 칩거가 길어지고 있다. 매년 연말이 다가오면 열리던 각종 행사도 취소되고 사적 모임과 문학 세미나도 무기한 연기되고 말았다. 일상에 제동이 걸렸으니, 주변의 문인들은 문고리를 잡아당기고 글밭의 수확을 올리는지 안팎으로 조용하다.

그런데 뜻밖에도 이 시들한 일상에 트로트 음악이 위안과 용기를 준다. 그동안 신파적이고 천박한 중년 음악이라는 선입견과, 왜색적이며 촌스럽다고 천대받던 일명 뽕짝 음악의 품격이 놀랍게 달라졌다. 트롯맨들이 보여준 가능성은 무궁무진했다. 숨겨진 명곡들이 터져 나오고 성악과 마술, 태권도와 에어로빅, 삼바춤과 폴댄스 등 다양한 장르와 접목하여 신선한 충격을 안겼다. 비인기 종목의 부상이 반갑고 젊은 가수들의 노력과 열정이 더없이 가상하여 평소 텔레비전을 가까이하지 않던 나도 어느새 그들의 찐팬이 되었다.

한국인의 신명의 역사는 대단하다. 고대 제천행사를 하면서부터 춤과 음악으로 신명을 풀어내었다. '삼국지 위지동이전'에도 우리 민족은 한번 놀기 시작하면 술 먹고 고기 먹고 춤추고 노래하며 사흘 밤낮을 보낸다고 기록되어 있다. 그러한 흥취가 오늘날 대중음악과 접목되어 트로트라는 가장 한국적인 노래가 탄생한 것이다.

트롯맨들의 열정과 퍼포먼스에 아낌없는 박수를 보내주었다. 그들에게 유명 피디가 몇 가지 애정 어린 충고를 했다. 롱런의 비결은 먼저 자기관리를 잘해야 한다. 삶의 규칙을 정해

건강을 지키고 이미지 관리를 잘하라는 뜻이겠다. 다음으로 끝없는 연습을 해야 함을 강조했다. 천하의 조용필도 연습을 하니 잘 부른다고 방심하지 말라는 것이다. 나에게는 습작을 게을리하지 말라는 경고로 들렸다. 또한 좋은 노래를 많이 들을 것을 권고했다. 역시 진정한 글쟁이가 되려면 좋은 책을 많이 읽으라는 의미가 아닌가.

그때 희수를 넘긴 노 작가 한 분의 전화를 받았다. 내가 텔레비전 앞에서 웃음과 눈물짓고 감탄과 찬사를 보내느라 서너 달 리모컨만 부여잡고 있을 때, 그분은 한 권의 책을 묶었다고 알려왔다. 혼신을 다한 트롯맨들에게 위로받은 감동을 이백여 쪽의 글로 엮어낸 것이다.

정신이 번쩍 들었다. 14세기 유럽을 휩쓴 흑사병의 대재앙 속에서도 《데카메론》을 집필한 이탈리아 작가 보카치오가 떠올랐다. 불행을 맞닥뜨리게 되어도 체념하거나 굴하지 않으며, 맞서 싸워 지혜로 살아남는 인간상들이 그의 작품에 등장한다. 작가란 시대를 반영하는 거울과도 같다. 현실의 흐름을 포착하여 언어의 지문을 찍어내는 일이 작가의 운명이라 할 수 있다.

안방팬으로만 머물지 않고 펜으로써 화답한 그분이야말로 진정한 작가정신을 지켜내고 있는 것이다.

문인들에게는 오히려 지금이 문학하기 좋은 때라는 말에 고개를 끄덕인다. 트롯맨들의 열정이 세대의 벽을 허물고 시공간의 한계를 뛰어넘듯이, 작가라면 이 칩거기에도 부지런히 글밭을 가꾸어야 하리. 부디 훈풍이 불어 백지의 이랑마다 글꽃이 만개하길 기원하면서.

시장을 품다

삶에 지칠 때 시장으로 가라는 말이 있다. 그곳에서 퍼덕이는 물오른 생선과 상인들의 힘찬 목소리에서 잃었던 활력을 얻는다. 뿌리째 탄탄한 푸성귀를 고르고 뜨끈한 장터국밥 한 그릇 먹으면 시들했던 삶에도 생기가 돋게 된다.

우리 동네는 바닷가라서 배릿한 해변시장도 있고 오래된 담장을 끼고 사시절 골목시장도 열린다. 틈을 내어 버스라도 타면 역전시장에도 가고 도떼기시장이라 부르는 국제시장도 닿고 구제품이 즐비한 깡통시장까지 구경한다. 해변시장은 갈치와 꽃돔과 꼼장어가 얼음판 위에 버티고, 골목시장에는 아직도 맷돌을 돌려 콩물을 내리며, 명절이면 뻥튀기 기계를 돌려 쌀강정을 만드는 진풍경이 연출된다. 어디 그뿐인가. 돼지껍데기가 죽이는 집도 있고 서울 사람도 알아주는 부산 오뎅집도 반기며 옆에 있는 시숙도 몰라 볼 만큼 혀를 녹이는 돼지국밥집도 위풍당당하다.

생각의 끈이 풀리지 않는 날이면 만사를 제치고 헐렁한 스웨터 차림에 재래시장으로 향한다. 세련된 마트를 마다하고 눅눅한 장터를 찾는 것은 무엇보다 미로 같은 시장길이 좋아서다. 길과 길이 마주하고 골목과 골목이 이어지는 곳. 한 바퀴 돌다 보면 다시 제자리가 되기도 하지만 그것이 인생이라 생각하며 걷고 또 걷는다. 행여 길을 잘못 들더라도 되돌아가면 되고 지름길이 나오면 느긋하게 지나쳐도 그만이다. 조금 늦으면 어떤가. 엉킨 기억들을 풀고 조였던 숨통을 드러내는 곳, 사람을 품고 이야기를 담아내는 곳, 그곳이 시장이다.

시장길을 걷는 것은 한 권의 사진첩을 넘기는 일이다. 한때 재첩장사를 했던 어머니가 다니던 길목과, 점토를 주무르고 빚고 색을 입히느라 내 젊은 시절 땀을 바친 공방을 지나고, 무당이 되라고 아이들을 부추기던 박수무당집 대나무 그림자를 피해서, 선희네 교복집과 난희집 낡은 여관과 은이 아버지가 표를 받던 극장 터를 찾아 옛 추억을 만날 수 있다. 어릴 때 십릿길을 걸어 다니던 학교도 모두 저잣거리를 거쳤으니 나에게 있어서 시장은 문학적 상상력의 태胎가 되는 곳이다.

서민의 삶이 무엇인지 알려 주는 곳도 시장이다. 샹들리에 아래에서 우아하게 눈요기하는 백화점 사모님들과 달리 난장에서는 하루치 삶을 살아내는 사람들의 왁자한 악다구니가 섞인다. 명품 브랜드의 고급 언어가 아닌 민낯 그대로의 이름이 비뚤배뚤 맞춤법도 무시한 채 물건값을 지킨다. 진상 손님도 있는 법. 그러니 육십 년을 시장 밥 드신 건어물집 노인은 가게도 법당, 장터도 법당이라 말한다. 수많은 사람을 대하면서 오죽 마음 상했으랴. 그것을 견디는 것이 마음공부이고 수행이거늘.

이곳에 오면 누구나 다 이웃이 된다. 스스럼없는 부대낌으로 처음 만난 사람과 거리감을 없애준다. 준엄한 위계질서도 단번에 무너뜨린다. 장벽을 이루던 지위와 학식과 빈부의 차이가 지나는 손수레에 옥수수자루가 넘어지듯 우르르 허물어진다. 교양 있는 표준어에 눈치 볼 필요가 없다. 점방이 열리고 리어카가 다니고 고무 다라이와 비닐 봉다리가 넘친다. 천냥마트에서 최신 뽕짝이 울려 퍼지고, 물건값을 흥정하느라 목청을 높여 깡다구를 부리고, 오늘 개업한 과일 집 총각의 손 박자 소리와, 비좁은 골목까지 외제 승용차를 몰고 온 앳된 주부에게 쏟아지는 억센 야유까지 그야말로 싱싱한 시장 언어가 완성된다. 제각각의 경험과 불운한 사연들을 안고 살았지만 인심만은 지금도 흔전만전 넘쳐나는 곳이다.

밥장사, 야채 장사, 양말 장사, 커피 장사 등 온갖 장꾼들의 생기가 왁작박작 펼쳐진다. 걸쭉한 팔도 사투리가 사람과 사람 사이로 스며들고 거친 육담이 장바닥을 건너 몸을 불려 낸다. 그들이 내뱉는 욕설과 은어와 외설이 도시인의 겉치레를 조롱하기도 한다. 어쩌면 시장의 언어가 가장 자유로운 인간의 말이 아닌가.

권위적이고 경직된 것들이 웃음과 패러디로 전복당한다. 부자도 빈자가 되고 정치인이 아저씨로 불리며 선생도 학생이 될 수 있다. 위엄이 박탈되고 현실과 꿈이 뒤바뀌며 과거와 미래가 한데 섞인다. 교양을 벗어던진 노골적인 삶이 인간의 솔직한 모습이라 하겠다. 그러기에 파장 마당의 술판에서 세상 이야기를 마음껏 내질러도 크게 걱정하지 않는다. 내일이면 어김없이 새벽을 열어줄 이들이니까.

시장 사람들은 스스로 도시의 농부라고 부른다. 날마다 질곡의 연속이지만 오래도록 제자리를 지켜내었다. 반 평의 난전 자리에서 생을 소진하더라도 자식을 키워내고 가족을 건사한 뒤 혼을 묻을 각오로 버텨낸다. 분노와 미움과 절망도 세월 속에 녹여내고 오롯이 현재에만 충실한다. 때로는 별 볼 일 없는 인생이라 자책도 하지만 낮은 삶을 받드는 사람이 진정 숭고한 자가 아닌가. 그러기에 우리는 밑바닥 삶에서 건져 올린 진리에 더욱 귀 기울이게 된다.

도심 한복판 장터에 오늘도 유쾌한 축제 마당이 벌어진다.

덩달아 어물전 빨랫줄에 귀한 옥돔이 걸렸다. 열무 비빔밥에 짜박된장이 나오는 보리밥집을 어찌 스쳐 갈 수 있으랴. 똑같은 브랜드의 커피, 똑같은 모양의 빵, 똑같은 재료의 김밥에 식상해졌다면 시장 스타일에 젖어보시라. 약장수와 뱀장수와 각설이도 사라졌지만 아직도 시장은 매일매일 축제장이다. 삶의 활기를 찾고 싶다면 이 소란스러운 풍경 속으로 거침없이 걸어 들어갈 일이다.

수필의 성城을 지켜라

우리 동네 금련산 정상 부근에 멋진 찻집이 하나 있다. 이름하여 '구름카페'다. 내가 속한 동인 모임을 곧잘 이곳에서 가지는데 우리는 입구 선돌에 새겨진 '구름고개' 카페라는 상호를 단박에 줄여서 '구름카페'라고 부른다. 사방을 휘돌면 해운대와 광안대교며 오륙도와 부산항까지 한눈에 보이는 멋진 장소다. 나는 무시로 이곳에 올라 벚꽃 떨어지는 늦봄에 취하기도 하고 저물녘 산마루에 걸리는 낙조를 좇기도 한다. 무엇보다 멀리서 손님이 찾아오면 이곳 발코니로 모셔와 탁 트인 자연 풍광을 소개하는 일을 빠트리지 않는다.

구름 정자라는 아호를 가진 운정雲亭 선생님의 미수米壽 발간 문집 청탁을 받고 마감일이 다 된 지금에서야 원고를 쓰기 시작한다. 변명하자면 이유는 딱 하나다. 이 원고는 내 좁은 방에서 쓰지 않고 반드시 '구름카페'에서 써야 한다는 결의를 진즉 다졌는지라, 보름 전 노트북을 끼고 해발 400미터에 있는 카페를 찾았는데 무슨 연유인지 문고리가 걸려 있었고, 며칠 전 폭우 속에 들렀으나 조용하리라는 기대와 달리 우중 등산객들의 대화 속에 비집을 틈이 없었다. 그러다 여름의 끝자락인 오늘에서야 드디어 카페 한구석 마음에 드는 자리에 눌러앉게 되었다.

이곳에서 선생님의 '구름카페'와 '도반'과 '수필 아포리즘'을 포함한 몇 권의 저서를 풀었다. 그 속에서 유난히 눈에 띄는 것이 1992년에 발간된 정가 4,000원의 계간 '현대수필' 여름호이다. 창간호가 봄호이니 두 번째로 발간된 귀한 책이며 내가 소장하게 된 첫 수필잡지였다. 지금도 왕성하게 활동하는 대

선배님들의 작품들이 지면 중간중간에서 빛을 더한다. 창간 축하연 화보 사진에서 발행인 운정 선생님은 붉은 티셔츠나 청바지를 입지 않으시고 베레모도 쓰지 않으셔서 낯설었지만 멋스러운 옛 모습을 뵐 수 있어서 감격스럽기만 하다.

당시 젊은 새댁이던 나는 얼마나 간절히 수필쓰기를 꿈꾸었던가. 어렵게 구한 이 책을 읽고 또 읽었다. 선생님의 권두언에서 문학은 자기와의 끊임없는 싸움을 통해 이루어지고 지켜지는 성城이라는 구절에 붉은 밑줄이 선명하다. 수필이라는 성을 쌓는 성주라면 결코 자신의 성을 떠나서는 안 될 일이다. 성을 떠나 성이 무사하기를 바라는 것은 위험천만하며 성주의 권리를 포기하는 일이라는 말씀은 예나 지금이나 수필인이 새기어야 할 명구로 남는다.

반세기가 넘게 수필의 외길을 걸어오신 선생님은 오래전부터 '구름카페'의 주인을 꿈꾸었다. 천장과 벽에는 여러 나라의 풍물이 담긴 종을 매달아 사람들의 영혼을 일깨우고, 세계의 파이프와 민속품을 진열하여 흘러가는 발걸음을 머물게 하고 싶어 하셨다. 그리고 소망하였듯이 한 묶음의 장미꽃과 함께

참석하는 사람이 꽃 한 송이씩을 들고 와 수상자에게 마음을 전하는 상을 만들어내었다. 나는 감격스럽게도 수년 전 제13회째 수여되는 그 '구름카페문학상'을 받게 되는 영광을 누렸다. 그것은 수필의 성을 떠나지 말라는 선생님의 말씀을 실천했기에 가능한 일이었다.

글을 쓰다 말고 창밖을 바라다본다. 선생님께서 삼십 년 전 모스크바 공항에서 올려다보았을 구름이 오늘은 금련산 산허리에 걸려 있다. 늘 구름과 마주하고 싶으신 분, 구름을 바라보고만 있어도 행복하다고 하신 분, 훗날 구름으로 태어나길 희원하는 분이시다. 구름을 맞기 위해서는 어떤 준비도 필요 없다는 말씀에 고개를 끄덕인다. 그냥 있는 그대로 맞고 떠나보내면 되는 것이다. 경험과 생각의 굴레를 벗어던질 때 비로소 무한한 상상으로서 대상과 교감할 수 있는 것이리라.

그동안 쓴 글과 상대와 나누었던 말들이 허공으로 흩어져 구름이 되었다는 문구를 생각하며 오늘 미수米壽를 맞아 백수를 축수祝壽하는 글을 올린다. 먼 구름 속에서 "수필의 성을 지켜라."는 조용한 음성이 화답되어 다시 들려온다.

화차를 만나다

"이 열차의 종착역인 부산역입니다." 마침내 경부선 종점에 다다랐다. 졸던 몸을 일으키고 짐을 챙기는 손놀림이 분주하다. 우르르 빠져나가 첫발을 내딛는 곳은 부산의 한복판, 동구 초량동이다.

초량은 항구와 철도의 도시다. 낙동강 물을 받아들인 바다를 깔고, 구봉산과 수정산을 머리에 인 채, 산복도로가 허리를 휘감는 곳. 뒤돌아보면 철길은 다시 출발선이 되어 목이 멘 기적 소리를 싣고 떠나가는 곳. 청마와 이중섭 등 문인과 화가들이 부둣가 술집에서 밤새 술잔을 기울이던 곳. 무엇보다 한국전쟁 때 수많은 피난민의 애환이 서린 장소이다.

흥남부두에서 출발한 수십만의 피난민들은 배의 갑판까지 빼곡히 실려 혹한과 굶주림을 견디면서 남으로 내려왔다. 피난열차 역시 화통의 검은 연기를 마시며 필사적으로 매달렸다. 사방이 터진 무개화차, 기름 탱크가 실린 유조화차, 석탄을 실은 상자형 화차와 지붕 높은 화물 곡간차에서 깜빡 잠이 들었다가 떨어져 목숨을 잃은 사람도 생겨났다. 무사히 종착역에 도착했더라도 이곳 부산 거리에 부리어지고 말았다는 소설가 이호철의 눈빛을 떠올린다.

함경남도 원산 출신인 이호철은 인민군으로 참전했다가 월남한 경험으로 단편 〈탈향〉을 발표했다. 1·4후퇴로 이북에서 부산까지 배로 내려온 네 젊은이들의 가혹한 피난생활을 담은 이야기다. 당시 부산은 피난민들로 넘쳐났다. 연고도 없고, 수용소도 들어가지 못한 난민들은 어렵사리 셋방을 구하거나 깡통과 판자로 지은 하꼬방에서 지친 몸을 버텨내었다. 소막과 개울 주변에 움막을 지었으며 체면을 접고 다리 밑에도 가마니를 깔았다. 늦게 도착하거나 가진 것이 적을수록 산비탈로 올라갔고 공동묘지까지 판잣집 터가 되었다.

집은 삶의 중심이다. 지상의 방 한 칸이 내 존재의 증거가 된다. 하지만 소설 〈탈향〉의 거처는 남의 집이나 타인의 방이 아니다. 낯선 땅에서 그들이 갈 곳은 부산항 제3부두 옆 철길에 놓인 빈 화차밖에 없었다. 하루 저녁에도 몇 번씩 화차칸을 옮겼으며, 어둠 속에서 쪽잠을 자다가도 화차가 움직이면 잠결에 목숨을 걸고 뛰어내려야만 했다.

화차살이만큼 절박한 경우가 있을까. 부산을 배경으로 한 피난민소설 중 손창섭의 〈비 오는 날〉 주인공들은 폐가에 거처하고, 황순원의 〈곡예사〉에서는 넉 장짜리 다다미에 몸을 누이며, 안수길의 〈제3인간형〉에는 진창길 옆 판잣집에서, 김동리의 〈밀다원시대〉에서는 그나마 동가식서가숙을 한다. 방이 없는 〈탈향〉이야말로 피난시절의 가장 극단적인 삶인 것을.

부산역 뒤쪽으로 발길을 돌려본다. 부둣길 너머 항구 쪽은 예전의 제3부두가 있던 곳이다. 폐쇄된 그 자리에는 이제 부산항국제여객터미널이 우뚝 들어섰다. 파도가 넘던 모래밭이 사라지고 청어잡이를 하던 목선들도 보이지 않지만 싸느다란 여객선 불빛만은 여전히 저녁 바다를 비추고 있다.

한 바퀴 휘도니 제4부두와 제5부두가 지척 거리에 있고 맞은편에 화물전용 역인 부산진역이 보인다. 대형 타워크레인이 빈 화차에 컨테이너 수화물을 옮기느라 분주하다. 소설 속 주인공들이 피난살이를 하던 상자형 화차는 사라진 지 오래다. 30량을 넘게 실은 화물열차가 느릿느릿 동해선을 향하는데, 하행선 고속철도 한 대가 빌딩 숲 사이로 미끄러지듯 들어온다. 찰나가 지나간 자리에 화차의 꼬리는 미련이라도 남은 듯 아직도 진행 중이다.

부두노동은 피난민들의 호구 방편이었다. 대부분 날품팔이와 노점상을 면하지 못했지만 이색 직업도 생겨났다. 석탄 부스러기를 줍는 코크스 수집업, 깡통으로 판잣집 지붕을 만드는 깡깡이, 자물쇠나 구제품을 파는 일명 샌드위치맨도 탄생했다. 그럴지라도 그들은 곧 고향에 돌아갈 것이라는 희망으로 '남쪽

나라 십자성은 어머님 얼굴…'이라며 망향의 노래로 상처난 마음을 달래었다.

피난민들에게 고향이란 반드시 돌아가야 할 곳이다. 그러나 고향은 날이 갈수록 멀고 아득하기만 했다. 불안한 삶을 이어내기란 쉽지 않을 터. 결국 그들은 귀향을 체념하고 고향을 버리게 되는 현실을 맞는다. 연거푸 일을 해서 산꼭대기 하꼬방이라도 마련하고 싶었던 피난민들. 존재의 뿌리를 벗겨내야만 하는 것이 실향민이 감내해야 할 상처가 아닌가. 현실과 정면으로 마주칠 때 실향失鄕은 탈향脫鄕이 되는 것이다.

초량 뒷산을 따라 산복도로 집들이 하나둘 밤 등불을 켠다. 외지인이 가장 많은 탈향의 도시이다. 빌딩들은 당당히 직선의 불빛을 쏘아 올리지만 직선에 다다를 수 없는 피난민 마을길은 힘겹게 구불거린다. 철길의 기차는 지금도 달리는데 그들의 고향길은 영영 차단되고 말았다. 멀리 화차가 지나간 자리에 곡선의 철길만 덩그렇다.

본디 도달할 수 없는

인간의 눈은 항상 무엇인가를 바라본다. 보는 것은 사전적 해석으로 망막에 비치는 상을 알아차리는 것이지만, 실제로는 각자 길들여진 시각으로 대상을 지각하는 일이다. 그러면 자신이 눈으로 인식한 것이 사실일까. 다시 말해서 자명하다고 믿고 있는 진리가 참이라는 확신은 어디서 찾을 수 있을까.

우리는 이미 그 유명한 굴뚝 청소부 이야기를 알고 있다. 두 명의 굴뚝 청소부가 각각 청소를 하고 난 뒤, 한 사람은 얼굴이 깨끗하고 다른 사람은 시꺼멓게 얼룩졌다. 누가 세수를 하겠는가. 잘 알려진 답은 흰 얼굴의 청소부다. 상대방의 얼굴을 보고서 자신도 그러리라 생각하기 때문이다. 과연 그 대답은 맞는가. 굴뚝 청소 후 더러워지지 않는 얼굴이 있을까. 증명해 줄 제삼자도 없이 둘만의 판단으로 얼굴 상태를 확인할 길이 없다. 이로써 대상을 통한 진리 찾기는 딜레마에 빠지게 된다.

다른 예로 르네 마그리트의 '이미지의 배반'이라는 그림을 살펴본다. 캔버스에 파이프가 하나 그려져 있고, 그 밑에 '이것은 파이프가 아니다.'라고 쓰여 있다. 분명히 파이프를 그려 놓았는데 파이프가 아니라니 참으로 당혹스럽다. 누군가의 "아무리 봐도 이 그림은 파이프인데요?"라는 질문에 "그러면 저 파이프로 연초를 한번 피워보시겠어요?" 했다는 르네의 답에서 의문은 풀린다. 결국 그림이란 파이프의 이미지에 불과하니, 화가가 아무리 사실적으로 묘사했더라도 그것은 재현일 뿐이지 그 대상 자체가 될 수 없다는 역설이다.

인간은 많은 것을 착각하며 고정된 시선을 가지고 살아간다. 당연한 것이 가장 위험하다. 보이는 것만 진짜라고 믿는 경우가 많다. '바큇살들이 모여 한 개의 바퀴통을 만들지만 수레를 움직이는 것은 가운데의 빈 구멍이며, 진흙을 이겨 그릇을 만들지만 쓸모 있게 하는 것은 그릇 속의 빈 곳'이라는 《도덕경》의 인용처럼 진정한 쓰임은 눈에 보이는 것보다 보이지 않는 곳이 훨씬 현실적이지 않은가.

철학의 본질은 누구의 사유가 더 합리적인가라는 판단이 아니라, 끊임없이 이어지는 무한한 질문과 의문의 향연에 있을지 모른다. 철학자들은 많아도 단 하나의 철학은 없으며, 다양한 해석은 있을지언정 온전한 진리란 존재하지 않는다. 철학이 인간의 삶과 상관없다고 오인하거나 플라톤과 로크와 흄 등을 과거의 인물로만 단정하는 것도 매우 위험한 일이다. 철학이란 삶을 연구하는 학문이며, 수많은 사상가의 논리가 지금까지 이어져 아직도 그들의 지배를 받고 있기 때문이다. 그러기에 과거의 위대한 철학자들을 '영원한 현재인'이라고 부르고 있다.

그러면 작가는 왜 철학책을 읽어야 하는가. 대체 진리는 무엇이며, 진리 판단의 정확한 잣대는 무엇인가. 대상이 개입되지 않는 지각과 인식이 가능한가. 읽으면 읽을수록 더욱더 혼란스러워지는 것이 철학자들의 언술이다. 그러나 분명한 것은 그럼에도 무조건 읽어야 한다는 사실이다. 철학적 사유 없이 글이 탄탄해질 수 없는 까닭이다. 철학이 세상의 암호를 푸는 작업이듯 작가 또한 경계를 너머 그 이상의 의미를 찾아내는 자이다. 고착된 영토에서 벗어나 보이는 것을 다시 보는 것이 작가의 의무이다.

편협한 인식론적 경계선을 지우고 음악과 미술과 영화, 건축과 과학과 역사 등 다양한 영토를 횡단하는 자만이 스스로를 변화시킬 수 있다. 외부의 허구와 내부의 진실을 찾아낼 때 비로소 자동차의 백미러에 새겨진 글자처럼 진리가 '거울에 보이는 것보다 가까이' 있을지 모를 테니까. 사유의 주름을 펼치는 일이고, 위기를 극복할 수 있는 유목적 방식이다.

침묵의 힘

봄은 침묵으로부터 온다. 또한 그 침묵으로부터 겨울이 그리고 여름과 가을이 온다. 봄의 어느 아침, 꽃들을 가득 달고 벚나무가 서 있다. 하얀 꽃들은 그 가지에서 나온 것이 아니라 침묵의 체에서 떨어져나온 것 같다. 아무 소리도 들리지 않게 그 꽃들은 침묵을 따라서 미끄러져 내려왔고, 그래서 하얀 빛이 되었다. 새들이 그 나무에서 노래했다. 마치 침묵이 그 마지막 남은 소리들을 흔들어 떨쳐버리기라도 한 듯이 그 침묵의 음音들을 쪼아올리는 것이 새들의 노래인 것 같았다.

―막스 피카르트의 《침묵의 세계》 일부

봄이 깨어난다. 부푼 벚나무 가지 사이로 햇살이 튀고 흙바람이 구른다. 단단하던 땅도 품을 열어 햇풀을 받아들인다. 이 거룩한 봄은 도대체 어디로부터 오는 것일까. 글 쓰는 이들은 저마다 봄의 근원을 찾으려 눈 뜨고 귀 기울인다. 좀개구리밥의 겨울눈과 봄까치꽃의 푸른 꽃불 곁을 살피고, 갈대청 부딪는 기척이나 강물 풀리는 소리 곁으로 다가선다. 그러나 다 틀렸다. 막스 피카르트는 침묵이 계절의 변화를 가져다준다고 말한다. 상상해보라, 나무가 꽃을 해산하기까지 그 결박의 시간을. 침묵이 봄을 키워냈으니 침묵의 체에서 봄꽃들이 켜켜이 떨어져나온 것은 자명한 일. 그래서 생명을 터트린 어미 나무를 위해서 새들도 침묵의 음音들을 쪼아올리어 비로소 노래하는 것이다.

내게 봄에 관한 최고의 문장을 꼽으라고 하면 한 치의 주저

없이 피카르트의 글이라고 답한다. 감히 단언컨대 지금까지 '침묵의 봄'만큼 가슴 뛰게 한 표현은 없었다. 천천히 읽다 보면 스스로의 내면을 들여다보는 시간을 갖게 된다. 한 문장 한 문장이 경구이며 잠언이다. 경망스럽던 마음도 바싹 당겨지고, 싱겁던 일상도 굳건히 세워 올리게 되어 삶이 무량하게 경건해진다.

침묵은 실로 위대하다. 그의 말대로 침묵이 계절을 탄생시키고, 침묵이 인간을 관찰하며, 침묵이 말을 완성시킨다. 피카르트의 침묵을 처음 대했을 때 나는 그가 침묵에 대해서만 오롯이 찬양하리라고 생각했다. 하지만 천만의 말씀이다. 침묵이 말에서 분해되지 않았으며 말과 대립되는 것은 더더욱 아니라고 밝힌다. 침묵은 말과 마찬가지로 인간을 형성하지만, 오히려 말이 진정한 인간을 만든다는 점을 언급하였다. 다만 강요된 침묵이 아닌 자발적이고 능동적인 침묵이어야 하며 정신과 결합시킬 수 있을 때 빛이 나게 되는 법. 대상의 본질을 꿰뚫을 수 있는 것이 침묵의 힘임을 강조한다.

때때로 침묵이 하루의 전부가 되는 날도 있다. 그동안 얼마나 많은 말을 했던가. 말의 세계가 허공의 세계라면 침묵의 세계는 바닥이 된다. 허공을 잡는 어름사니를 위해 그물망이 발아래 드리워진다면 헛발을 짚더라도 외줄 인생이 좀 더 든든해질 수 있겠다. 그러니 언어에서 침묵을 상실한다면 얼마나 교만하고 불손하며 무질서한 소음이 될까. 침묵 속에서 사랑이 가장 멀리까지 뻗어나갈 수 있다는 문장에 밑줄을 긋는다. 침묵할 때에 사랑하기가 훨씬 더 쉽다고 한 피카르트를 먼저 읽었더라면 나의 젊었던 사랑도 성공할 수 있었을까. 경솔한 입말로 상대를 찌르거나 왜곡된 언어로 경계 짓지 않았을는지도 모르겠다. 활을 너무 세게 당기면 부러지듯이 말의 속도도 침묵을 곁들여 조절할 수 있었을 텐데. 하지만 지난날들은 흘러갔고 이제는 내가 쓰는 문장에 침묵을 남기려 애를 쓴다. 다 말하지 말 것. 군더더기를 덜어내는 일에 집중할 것.

다큐멘터리 영화 '위대한 침묵'을 떠올리지 않을 수 없다. 알프스 깊은 산맥에 뿌리를 내린 카르투시오 봉쇄 수도원 일상을 담아내었다. 침묵 속에서 하루가 깨어나고 침묵 속에서도 계절이 바뀌듯 영화는 시종 말이 없다. 필름은 마치 정물인 양 상영 시간 대부분이 침묵으로 흘러간다. 펜으로 글 쓰는 소리나 수도사들의 기침 소리 위로 가끔씩 들리는 수도원의 종소리가 청각을 메운다. 집중을 하게 되면 어느 순간부터 수도복을 재단하는 가위질 소리나 빗방울이 풀잎 위에 떨어지는 소리마저도 놀라울 정도로 크게 들리기 시작한다. 그때쯤 '언어가 사라진 뒤에야, 우리는 비로소 보기 시작한다.'라는 스틸컷의 글귀가 영상 위로 겹쳐지게 된다. 말을 줄이면 상대의 마음이 돋보이는 것처럼.

생각해보면 침묵에도 빛이 있고 언어가 있다. 말하지 않아도 지천으로 말하는 풀과 나무와 강물이 있다. 빈집에 돋아난 부추꽃이나 바위틈을 딛고 견뎌낸 늙은 소나무가 그러하고 바닥을 드러내는 여름 강이 말을 건넨다. 반면에 넘치는 인간의 말들이 얼마나 일상을 흩트리기도 하는가.

그가 우려했듯이 이전에 침묵이 놓인 자리에도 이제는 사물들로 빼곡하다. 인간은 침묵을 잃어버렸다는 사실조차도 깨닫지 못한다고 통탄한 그가 스마트폰을 끼고 사는 현대인의 삶을 엿본다면 뭐라고 할까. 쉴 새 없이 쏟아지는 카톡 문자 소리에 어떤 이름을 붙일는지. 침묵은 추방당했다는 그의 말, 가만히 되돌아봐야 할 구절이다.

여자를 사랑하는 여자

그가 가슴 가리개를 단단히 조여 맨다. 어머니의 한복 속치마를 잘라 옆구리에 운동화 끈을 매단 수제 속옷이다. 마치 조선 왕실의 유물인 소색 명주 가슴 가리개를 닮은 듯도 하다. 여자로 태어난 자신의 몸을 거부하는 여자. 면도를 하고 머리를 짧게 깎고, '말기'라고 부르는 가슴싸개로 꼼꼼히 여미어 몸의 굴곡을 숨긴다. 여성의 매력을 돋보이려 가슴 확대수술을 하는 시대에 절벽 가슴이 되어 셔츠를 덧입는다. 완벽한 남장이다.

다큐멘터리 영화 〈불온한 당신〉의 주인공인 이묵의 일상이 시작된다. 스스로 자신의 성性을 선택하고 평생을 남자로 살아왔다. 많은 여자를 사랑했고 또 떠나보냈다. 그러기에 세상의 눈에는 그저 한없이 불온한 존재, 기이한 사람, 어쩌면 혐오스러울지도 모를 인간, 세상에서 없어져야 한다는 비난에 싸인 자들. 하지만 그는 자신이 선택한 삶에 미련이나 후회를 가져본 적 없듯이, 세상의 멸시 속에서 단 한 번도 스스로를 여자라고 생각해본 적도 없다.

일흔의 레즈비언인 속칭 '바지씨'라 불리는 사람. 여자지만 남자로 사는 삶처럼 그를 지탱해준 이름도 여러 개다. 부모님이 주신 이름은 '순심', 거주지에서는 '김승우'라는 남자로, 젊은 시절 친구가 지어준 이름 '이묵'으로도 살았으나, 무엇보다 '바지씨'라 불리는 생을 견뎌내었다. 지금처럼 게이나 레즈비언이나 양성애자나 트랜스젠더라는 성소수자 혹은 퀴어라는 이름조차 붙이지 않던 시대에 '바지씨'는 통상 여자를 사랑하는 여자를 지칭하였다. 반대로 여성적 젠더를 실천하는 사람은 '치마씨'로 불렸다.

불온하다는 것은 온당치 않다는 말. 나와 다르다면 편견과 낙인이 찍히고 만다. 바지씨 이묵이 아니더라도 이 영화를 제작한 이영 감독을 비롯한 방송인이자 사업가인 홍석천, 가수이자 모델인 하리수 등의 성소수자와 더불어 우리는 이 시대에 함께 살아가고 있다. 그들은 대부분 자신의 정체성을 감추거나 속여가며 때로는 투명인간이나 유령처럼 존재한다. 그런데 바지씨처럼 불온하다고 여기는 삶을 당당히 드러내는 방식은 넘어야 할 벽에 대한 투쟁과 도전이 있었기에 가능하다.

영화가 개봉되던 첫날, 나는 솔직히 호기심으로 표를 끊었다. 가벼운 마음으로 바지씨의 삶을 들여다보다가 그를 통해 불현듯 한 아이를 떠올리게 되었다. 몇 년간 내게 수업을 받던 그 아이의 혼란스러운 삶을 잊을 수 없다. 양쪽 성기를 모두 갖고 태어난 운명. 부모는 딸로 키우기로 마음먹었고 유치원 때까지의 사진은 모두 여아였다. 그러나 점차 행동이 과격해지며 여러 검사에서 사내아이의 특성이 우세해지자 아이의 성은 다시 남자로 바뀌게 되었다. 하지만 남녀추니라는 외형이 무슨 소용인가. 오히려 그리스로마신화의 헤르마프로디토스는 양성을 모두 지닌 완벽한 존재이지 않은가. 우리는 모두 아이가 사춘기를 겪으면서 진짜 성징이 나타날 때까지 참고 기다리기로 했다.

비로소 그들이 특별한 사람이 아님을 자각한다. 내 주변에서 사는 이웃들이니까. 내가 만난 그 아이도 이제 평범한 청년이 되었으니까. 그러나 나는 이해한다고, 비겁하지 않다고, 자신 있게 말할 수 있을까. 내 가족이라면 흔쾌히 받아들일 수 있는지. 진정으로 그들의 세계에 관대해질 수 있을까. 아는 척, 아닌 척, 이해하는 척 위선으로 분장하고 가면을 쓴 이중적 마음은 아닌지. 비단 성소수자 문제만 그럴까. 그러면 과연 이해한다는 것은 무엇인가. 결국, 누가 불온한 당신인가.

그가 가슴가리개를 정성스레 빨고 널던 장면에서 언젠가 읽었던 어느 수필가의 글이 겹쳐진다. 한쪽 가슴 제거 수술을 한 어머니가 나일론 싸구려 브래지어 한쪽에 재활용 거즈를 접고 또 접어 도톰하게 만들어 사용했다던 속칭 '어머니의 뽕브라'. 그 아들이야 뒤늦게라도 회한의 눈물을 흘렸지만 저 외로운 이의 속옷은 누가 기억이나 해줄까. 그러나 빨랫줄에 걸린 사춘기 딸의 브래지어를 두고 목련꽃 송이를 떠올린 '목련꽃 브라자'란 시처럼 그의 가슴 가리개 또한 한 사람에게는 눈부시게 빛난 삶의 꽃이었다.

영화 말미, 이묵이 가슴을 조이며 말한다. "사람들은 우리를 비정상이라고 생각했어. 괴로워도 말 못 했지. 그런데 우리 후배들은 당당하게 살았으면 좋겠어."

* 이묵은 2017년 4월, 영화의 개봉을 앞두고 타계했다. 고인의 명복을 빈다.

작가 노트

상처가 상처를 어루만질 때

| 작가 노트 |

상처가 상처를 어루만질 때

문인의 삶을 펼치며

작가란 삶과 문학을 분리시킬 수 없다. 《별이 내리네》의 서문에서도 밝혔듯이 문인의 삶은 잃는 것에서 시작한다. 글의 제단에 시간을 바치는 동안 타인과 만남을 줄이고 즐기던 취미도 포기한다. 건강이 축나고 생업의 끈도 느슨해진다. 사람도 떠난다. 잃어야 자유로워지는 게 문인의 삶이다. 그동안 한 권의 평론집과 여섯 권의 수필집을 내고, 몇 개의 문학상을 받고 평론과 수필을 쓰며 강의를 하는 동안 오직 문학 앞에서의 삶만 남게 되었다.

지금까지 나의 문학에 대해 글로써 많은 이야기를 했다. 어린 시절 적막한 외딴집 생활, 스무 살 때 한꺼번에 맞은 부모의 죽음, 가난과 실패 등으로 나는 늘 혼자였다. 정호승 시인이 "비극이 있는 곳에 시詩가 쌀처럼 많이 흩어져 있고, 비극이 있는 곳에 시詩가 꽃처럼 많이 피어 있다."고 했듯이 내게도 상처가 문학의 씨앗이 될 수밖에 없었다.

1. 상처, 드러나다

본격적으로 글을 써야 겠다고 생각한 건 1997년이었다. 내 생애 모든 것이 박살나던 해였다. 운영하던 학원이 경매로 넘어가고 돈이 바닥나고 이별의 아픔이 있었다. 어디에라도 마음을 기대고 싶었다. 하필이면 문학이 손을 내밀었다.

그해 가을, 신화와 샤머니즘에 대한 해박한 지식을 가진 민속학자 김열규 교수님의 열강을 들었다. 당시 그분은 학자라면 금기시할 욕

연구에 몰두하여 책을 쓰고 계셨다. 문학은 고상한 것이라는 관념을 뒤엎고 욕도 문학이 될 수 있다는 것을 알고 놀랐다. 상식적 감각을 버리고 경계를 허물 때 비로소 문학적 지평이 넓어진다는 사실을 깨닫게 된 것도 큰 수확이었다. 그것이 그동안 외면하던 상처를 들여다본 계기가 되었다.

> 습작을 시작했다. 그즈음 우연히 책상도 밥상도 아닌 앉은뱅이 나무 탁자가 하나 생겼다. 젊은 공학도가 과제용으로 만들어 제출한 뒤 버려둔 것으로 아무도 그 탁자에 관심을 두지 않았다. 나는 그것을 베란다 한쪽에 놓고 시간이 날 때마다 탁자 앞에 코를 박은 채 책을 읽고 일기를 쓰고 글감도 생각했다. 아마 그곳이 처음으로 갖게 된 나만의 작은 자리였지 싶다.
>
> —〈자기만의 방〉 일부

그때 처음으로 수필을 써보라는 권유를 받았다. 버려둔 나무 탁자 앞에 앉아 일기 같은 글을 몇 번 써서 과제로 제출했다. 체험을 사유화하고 대상을 독창적으로 해석하여 문학적으로 끌어올리는 것이 생각만큼 쉽지 않았다. 무엇보다 상처를 드러내는 것이 어려웠다. 글을 쓰는 데는 상당한 용기가 필요하다는 걸 알았고 나같이 현실의 무게가 무거운 사람에게 문학은 먼 별이었다. 어느 문인이 주장하는 "오직 피 흘리기 위해 써라."는 말을 그때는 이해하지 못한 것이다. 쉽게 다가갔다가 쉽게 포기했다.

강화도로 부산으로 몇 차례 이사를 하는 동안 문학이나 수필 같은 건 잊어버렸다. 아니 잊었다고 생각하면 할수록 내 발목을 붙들고 있었다. 이삿짐 속에 철 지난 수필 잡지가 늘 따라 다녔다. 어쩌면 그 책들이 오늘까지 내가 버틸 수 있도록 잡아준 문학의 끈이라고 여긴다. 그러기에 모서리가 삭아서 부스러지는 낡은 잡지들을 나는 아직도 내버리지 못한다.

2. 상처, 다독이다

상처가 곪을수록 글의 미련은 떠나지 않았다. 다시 펜을 들었다. 골방 문을 닫고 글줄에 매달렸다. 신기하게도 글을 쓰는 동안 나는 자유로웠다. 한 편씩 써 나갈수록 상처가 다독여졌다. 초고를 써서 출력을 하고 재고 삼고에 이어 수차례 번호를 매겨가며 퇴고를 했었다. 읽을 때마다 지저깨비 같은 티끌들이 수북했다. 앉아서 읽을 때와 서서 소리 낼 때가 다르고, 출력해서 훑으면 오타가 보이고 녹음해서

틀면 문장끼리 어깨 부딪히는 소리가 들렸다. 그뿐인가. 책으로 인쇄되었을 때는 그동안 드러나지 않던 반복 표현이 선명하게 찍혔다.

그런데 이제는 지나치게 퇴고하지 않는다. 그것은 예전보다 글에 대한 가닥을 조금 수월하게 잡는 까닭도 있지만 오래 주무르면 오히려 글의 방향이 엉뚱하게 흐르는 일도 많았기 때문이다. 적당할 때 손을 놓아야 하는 것이 글에서도 예외가 아니다.

> 물기를 떨치며 일어서는 직립의 언어들이 허공을 가로지르며 키를 세운다. 어렴풋이 나무 한 그루가 보이기 시작한다. 그러나 가지치기가 되지 않아 모양새가 봉두난발이다. 잔가지를 고르고 무딘 글잎을 다듬기 시작한다. 수차례 서투른 가위질을 하여도 기대와 달리 초라한 첫 모양새로 되돌아갈 때도 있고, 욕심을 부려 곁가지를 달기라도 하면 우스개 사족 꼴이 되기 일쑤이다.
>
> ―〈글을 치다〉 일부

늘 초고에 간택된 언어와 문장을 사정없이 그어보지만 내 능력의 한계를 실감하는 것은 초보 때와 크게 다르지 않다. 예전의 퇴고가 글의 구조를 바꾸고 문장을 고치는 일이었다면, 요즈음 퇴고에 주력을 가하는 것은 지우는 일이다. 말하지 않고 말하는 법을 터득하고 싶었다. 그것이 상처를 드러내지 않고 다독이는 것이라 믿는다.

3. 상처, 아물다

오직 앞만 보고 달려온 삶이다. 내 인생에서 문학을 선택하지 않았다면 과연 단단해질 수 있었을까. 이 적막을 어찌 견뎌낼 수 있었을까. 글을 쓰는 동안 고뇌도 많았다. 주변에서 흔드는 바람은 왜 없었을까. 그때마다 글의 뿌리를 내리려 안간힘을 썼다. 그것이 극복하는 일이라는 것을 깨달았다. 튼실해져야 함부로 뽑히지 아니하고 오히려 그늘이 되어 품을 수 있다고 믿었다.

몸에도 이상이 생기길 수차례. 귀 안쪽의 진주종을 들어내고 혀 밑에 박힌 결석을 몇 차례 제거하다가 악하선 침샘 적출 수술도 받았으며, 그밖에도 크고 작은 수술을 하느라 병원신세를 제법 졌다. 아플 때마다 미련하게도 상처를 숨기고 피하려고만 했다. 그러나 다독이고 덮는 것만이 능사가 아니었다. 곪고 터져야만 새살이 돋는 이치는 자명하다. 때로는 생살을 찢어내는 고통도 감수해야 한다. 문학도 그래야만 할 것이다.

십 년을 병상에 계시던 아버지가 마지막 날에는 불구덩이 속에 누우셨다. 부지깽이를 든 불꾼이 아궁이 앞에서 소주병을 들고 몸을 흔들었다. 나는 불꽃이 덥석 관을 삼키고 육신을 사그라지게 하는 광경을 꼼짝 않고 지켜보았다. 천 원짜리를 한 다발 쥐고 앉아서 불꾼의 부지깽이가 아버지를 휘휘 저을 때마다 그에게 몇 장씩 건넸다. 그러면 시체를 뒤집지 아니하고 얌전히 불티를 다독거려 주었다. 그는 시종 술병 나발을 불면서 산 자와 죽은 자의 경계 같은 푸른 얼굴로 허리를 꺾어대며 느린 춤을 추었다. 누군들 죽음의 허무 앞에 서면 어찌 맨정신일 수 있으랴. 그것은 온몸으로 바치는 불꾼의 진혼춤이었다.

—〈자신의 춤을 추어라〉 일부

당감동 재래식 화장막에서 아버지의 시신이 태워지는 것을 오랫동안 지켜보았다. 옛사람들은 모두 어디로 떠나갔는가. 아픈 기억을 풀어놓을 때는 심장을 바늘로 꿰찌르듯 고통스럽다. 늘 감성이 이성을 앞지르기 때문이다. 그럴수록 곁에 있는 글벗들이 도움이 되었다. 상처는 드러내야만 아물게 된다는 이치도 깨달았으니 남은 과제는 제대로 치유하는 일이다. 멀고 가까운 곳에 가족 같은 몇 명의 문우가 있다. 그들과 함께 밥을 먹고 여행을 가고 밤을 샌다. 의지처가 되어

주는, 고맙고 고마운 인연이다.

문인의 삶에 기대어

긴 시간 동안 문학과 씨름했다. 현대문학을 전공하고 비평이론 공부를 하면서 시와 소설을 읽었으나, 수필에 매료되었다. 어느 노수필가께서 강조하신 "수필의 성城을 지켜라."라는 말씀을 종종 떠올린다. 문학은 끊임없는 자신과의 싸움을 통해 이루어진다. 수필이라는 성을 쌓는 성주라면 외풍에 성벽이 허물어질지언정 결코 자신의 성을 떠나서는 곤란하다. 성을 떠나 성이 무사하기를 바라는 것은 위험천만하며 성주의 권리를 포기하는 것이라는 생각에 공감한다. 울타리를 고치고 외벽을 쌓고 등불을 밝히는 일이 수필가의 의무이다. 내가 글을 쓰는 게 아니고 글이라는 성벽이 나를 키워간다는 신념은 변함이 없다. 작가라는 필생의 소업을 받들고 우직하게 글을 쓰겠다.

성급하게 서두를 일이 아니다. 한때 마을버스를 타면 꼭 종점까지 가보는 버릇이 있었다. 수필가의 반열에 올랐다면 끝까지 가봐야 한다고 생각한다. 그 너머에 비록 천길 벼랑이 있더라도.

김정화 수필집

미스 에세이

인쇄 2021년 05월 06일
발행 2021년 05월 10일

지은이 김정화
발행인 서정환
펴낸곳 수필과비평사
주소 서울시 종로구 삼일대로 32길 36(익선동 30－6 운현신화타워) 305호
전화 (02) 3675－3885, (063) 275－4000 · 0484
팩스 (063) 274－3131
이메일 sina321@hanmail.net essay321@hanmail.net
출판등록 제300－2013－133호
인쇄 · 제본 신아출판사

ISBN 979-11-5933-331-6 03810

값 13,000원

Printed in KOREA

* 이 책은 2021년 부산광역시, 부산문화재단 지역문화예술특성화 지원사업으로 지원을 받았습니다.